POR QUE SER BOM?

Editora Vida

Editora do grupo

Zondervan
HarperCollins

■

Editora filiada a

Câmara Brasileira do Livro

Associação Brasileira
de Editores Cristãos

Associação Nacional
de Livrarias

Associação Nacional de
Livrarias Evangélicas

Direção executiva
Eude Martins

Supervisão de produção
Sandra Leite

Gerência financeira
Sérgio Lima

Gerência de comunicação e marketing
Sérgio Pavarini

Gerência editorial
Solange Monaco

Coordenação editorial

Obras de interesse geral • Vera Villar
Obras para igreja e família • Aldo Menezes
Obras teológicas e de referência • Aldo Menezes
Obras em língua portuguesa • Silvia Justino
Obras infantis e juvenis • Rosana Brandão
Bíblias • Rosa Ferreira

JOHN HARE

POR QUE SER BOM?

Uma reflexão sobre a filosofia moral

Tradução
JAMES MONTEIRO DOS REIS

Vida

Título do original • *Why bother being good?*,
edição publicada pela
InterVarsity Press
(Downers Grove, Illinois, EUA)

■

Todos os direitos em língua portuguesa reservados por

Editora Vida
Rua Júlio de Castilhos, 280 • Belenzinho
CEP 03059-000 • São Paulo, SP
Tel. 0 xx 11 6618-7000
Fax 0 xx 11 6618-7050
www.editoravida.com.br

■

Todas as citações bíblicas foram extraídas da *Nova Versão Internacional* (NVI), ©2001, publicada por Editora Vida, salvo indicação em contrário.

Dados Internacionais de Catalogação na Publicação (CIP)
(Câmara Brasileira do Livro, SP, Brasil)

Hare, John, 1949 -
Por que ser bom? : uma reflexão sobre a filosofia moral / John Hare ; tradução James Monteiro dos Reis. — São Paulo : Editora Vida, 2004.

Título original: Why bother being good? : the place of God in the moral life
ISBN 85-7367-758-9

1. Conduta de vida 2. Ética cristã 3. Vida cristã I. Título.

04-6818 CDD 241

Índice para catálogo sistemático

1. Ética cristã 241

SUMÁRIO

PRÓLOGO

POR QUE DEVEMOS NOS PREOCUPAR *em ser bons* — aí está o assunto principal deste livro. Os últimos seis capítulos tratam da razão de *devermos* ser moralmente bons, ou de onde procede a autoridade da moralidade. Mas essa questão não surge, a menos que a moralidade seja "factível", a menos que *possamos* ser moralmente bons. Esse é o tópico dos quatro primeiros capítulos. Escolhi tratar inicialmente dessa questão porque precisamos compreender que *podemos* ser bons, antes que valha a pena perguntarmos por que deveríamos sê-lo. O argumento deste livro reside no fato de que a moralidade com que estamos familiarizados tem suas raízes na fé cristã e que ela começa a se fragmentar se o contexto cristão for removido. Em especial, perdemos a clara compreensão de como podemos satisfazer as exigências morais e de qual é a fonte de sua autoridade.

No capítulo 1, discuto o significado de ser moralmente bom e levanto o problema da lacuna moral. Digo que a moralidade é um conjunto de normas, mediante as quais deveríamos viver, e que as normas existem para apoiar e expressar valores que nos são caros. Essas normas são organizadas a partir de uma diretriz principal que limita as atitudes, para nós, moralmente lícitas e o tipo de pessoa que nos é permitido ser. Afirmo que as exigências morais são por demais elevadas, dadas as intrínsecas capacidades humanas com que nascemos. Isso é que cria o problema da lacuna moral. Como *podemos* ser moralmente bons? De acordo com a doutrina cristã, Deus primeiramente nos chama para vivermos de determinada forma. Então, oferece-nos diversos tipos de auxílio para vivermos assim. Se deixarmos de crer no auxílio divino, que lógica haverá em nos atermos às mesmas exigências?

No capítulo 2, examino várias alternativas ao auxílio divino, propostas por pensadores contemporâneos. Todas parecem-me falhas e, por conseguinte, deixam-nos em meio a uma lacuna moral. No capítulo 3, discuto três doutrinas cristãs — expiação, justificação e santificação — que definem o modo como o auxílio de Deus deve agir em nosso interior. Então, no capítulo 4, examino a doutrina da providência e o que ela diz em relação ao tipo de auxílio oferecido por Deus, no mundo à nossa volta, no que diz respeito à vida moral. Precisamos crer que o mundo faz algum sentido no aspecto moral.

Na segunda parte do livro, a questão é: Por que deveríamos tentar ser moralmente bons? De onde provém a autoridade da moralidade? De acordo com a doutrina cristã, sua fonte reside no chamado e na vontade de Deus. No capítulo 5, menciono algumas alternativas a essa visão. Tal qual na primeira parte do livro, considero primeiramente as respostas não-cristãs a essa questão, a fim de verificar se são adequadas. Uma dessas alternativas reza que a autoridade da moralidade é tão óbvia como a autoridade de uma percepção sensitiva, não tendo assim fonte alguma.

Uma segunda alternativa defende que essa autoridade provém da natureza humana, por isso temos de viver moralmente para sermos completamente humanos. Outra possibilidade diz que a razão exige que sejamos éticos e que seria irracional nos esquivarmos de uma exigência desse tipo. Por fim, somos solicitados a ser éticos, por fazermos parte de uma comunidade que exige isso como requisito para que sejamos fiéis à nossa identidade social. Em todas as quatro alternativas, conseguimos uma maneira de preservar a autoridade da moralidade sem apelarmos a Deus. Do capítulo 6 ao capítulo 9, analiso, detidamente, cada uma dessas possibilidades, a fim de discernir o que está correto em cada afirmação, embora chegue à conclusão de que são insatisfatórias. No décimo e último capítulo, abordo a questão da autonomia. Como podemos ser independentes, se vivemos sob a autoridade do chamado de Deus?

Este livro propõe-se a um plano de resgate. Procura resgatar das doutrinas cristãs tradicionais uma compreensão de como podemos ser moralmente bons e por que deveríamos sê-lo. Há uma terceira parte nesse projeto de resgate, mas que não foi incorporada a este livro. Tento não me concentrar em falar a respeito de como viver uma boa vida. Não discuto o estabelecimento de regras morais, em contraste com a avaliação de casos específicos. Não utilizei biografias mais abrangentes para tentar descrever a estrutura de uma boa vida ou para mostrar como é formada. Não me dediquei ao tópico de como ser orientado por Deus ou de como ouvir o seu chamado. A primeira parte deste livro relaciona-se principalmente com a doutrina da obra de Cristo, e a segunda parte, com a doutrina de Deus-Pai. A terceira parte (que ainda não foi escrita) diz respeito essencialmente à doutrina do Espírito Santo.

Se todos os argumentos apresentados neste livro funcionarem, terei demonstrado que a moral com a qual estamos familiarizados necessita de uma fundamentação teológica para fazer algum sentido. Isso não comprova como verdadeira a doutrina teológica. Haverá sempre a possibilidade de rejeitarmos a moralidade como a conhecemos. Terei tão-somente demonstrado que, se quisermos nos apegar a essa moralidade e rejeitar a teologia, deveremos encontrar algo que substitua a teologia em sua função. Encontrar um substituto dessa natureza não será fácil.

Este livro é o primeiro de uma série cujos autores são professores da Faculdade Calvino, nomeados conferencistas pelo período de um ano. O programa leva o conferencista a diversos *campi* no Canadá, nos Estados Unidos e na Europa. Lá, são apresentadas tanto palestras voltadas para o público em geral quanto outras mais especializadas, direcionadas a departamentos ou grupos específicos. Haverá, a cada ano, rotatividade das disciplinas acadêmicas. No meu caso, a disciplina é filosofia, e, em seu bojo, o campo da ética. O assunto de minha palestra direcionada ao público em geral foi "A moralidade precisa de Deus?".

Um dos objetivos dessa série é alcançar um público além da especialização de cada escritor. Trata-se de um grande privilégio. Quantos filósofos profissionais têm a oportunidade de escrever para um público não especializado, deixando de se restringir a pequenos grupos de colegas da mesma corporação? Tentei ser fiel a esse objetivo e, assim, observei duas limitações em meu estilo de escrever. Em primeiro lugar, evitei introduzir qualquer nota de rodapé, apesar de ter incluído uma bibliografia para cada capítulo no fim deste livro. Meu trabalho é, normalmente, recheado de notas de rodapé, uma vez que tenho a tendência de fazer diversas ressalvas e por sentir-me responsável pela disciplina; não me agrada utilizar idéias sem fazer referência aos lugares onde as encontrei pela primeira vez. Convenci-me a não atentar para isso, porque um leitor curioso poderá, geralmente, encontrar referências mais detalhadas em meus trabalhos acadêmicos anteriores. Mais especificamente, as referências presentes nos quatro primeiros capítulos deste livro podem ser encontradas em *The moral gap* (MG) [*A lacuna moral*]: o capítulo 1, no primeiro capítulo de MG; o capítulo 2, no quarto, quinto e sétimo capítulos de MG; o capítulo 3, nos capítulos oito e dez de MG; o capítulo 4, no terceiro capítulo de MG. A maioria das referências citadas nos seis últimos capítulos deste livro pode ser encontrada em *God's call* (GC) [*O chamado de Deus*]: o capítulo 6, no primeiro capítulo de GC (e no quinto capítulo de MG); o capítulo 7, no segundo capítulo de GC; os capítulos 8 e 9, no sexto capítulo de MG; e o capítulo 10, no terceiro capítulo de GC.

A segunda limitação que estabeleci foi evitar a todo custo qualquer jargão filosófico. Por exemplo, excluí todas as palavras terminadas em "ismo", a menos que fossem de uso geral. Logo, o termo "relativismo" pode ser encontrado, mas "prescritivismo", não. Não foi tão difícil seguir essa limitação, como pensei que o seria. Descobri que a maioria das terminologias técnicas pode ser substituída pela linguagem comum, se o autor realmente se esforçar. Creio que, na verdade, o resultado foi uma clareza maior do texto.

No entanto, mantive algumas idéias bastante instigantes — e não me desculpo disso. Creio que vale a pena refletirmos nas idéias, e espero que meus leitores concordem com isso após terem lido este livro. É empolgante ser cristão e filósofo moral. Existem muitas idéias da história recente dessa disciplina potencialmente úteis na compreensão da fé; e muitas doutrinas da fé que podem também ser úteis na busca da compreensão dessa disciplina em seu estado presente. Mas os vínculos em ambas as direções são complexos, e é necessário que haja esforço intelectual ininterrupto para que sejam compreendidos.

Uma forma de tornar este livro mais interessante para o público em geral, e não apenas para filósofos, foi utilizar material não filosófico, como poesia e diversos exemplos ficcionais, a partir de uma narrativa correlata sobre uma família cuja principal personagem é a mãe (Rosa). Sempre é um passo arriscado para alguém que não seja especialista em poesia ou narração. Peço que o leitor me perdoe qualquer inexperiência ou ingenuidade nas tentativas. Os exemplos não pretendem ser uma história agradável pelos próprios méritos. São coadjuvantes da filosofia, e os impedi de irem além desse papel. A interpretação das poesias conta também com uma motivação essencialmente filosófica, daí por que resisti à compulsão de ir mais fundo no significado de cada poema.

Espero que este livro também seja lido por outras pessoas, além de filósofos e cristãos. Cristãos que não são filósofos acharão no livro novas formas — e úteis, espero — de pensar sobre sua fé. Pensar filosoficamente tem o poder de trazer nova compreensão da tradição e vincula essa tradição com o desenvolvimento do pensamento contemporâneo. Filósofos, bem como outras pessoas que não são cristãs, descobrirão uma forma de pensar em ética capaz de se associar diretamente aos muitos e importantes textos filosóficos dos últimos dois mil anos. Não se beneficiarão desta obra apenas pela melhor compreensão da própria tradição, mas também ao acharem recursos no cristianismo para lidar com algumas das grandes dificuldades na teoria ética contemporânea.

Quero ser sincero para com a minha formação teológica e eclesiástica. Minha formação cristã é anglicana, principalmente em seu aspecto amplamente calvinista. Procurei não escrever a partir de uma perspectiva anglicano-calvinista, mas, indubitavelmente, minha base cristã influenciou meu modo de ver o cristianismo e sua relação com a vida moral. Procurei intensamente ler o que podia a respeito de outras tradições teológicas, e espero que o que tenho a dizer também seja útil às pessoas que não vieram especificamente dessa parte da igreja mundial. Minha educação filosófica tem ênfase na tradição analítica, mais precisamente (tanto em trabalhos produzidos durante a universidade quanto após deixá-la) na filosofia grega da Antigüidade. Isso certamente também forjou a maneira como vejo e pratico a filosofia, embora tenha buscado leituras extensas de textos que escapam a essa tradição; espero que este livro não seja limitado em suas premissas sobre métodos e prática. Além dos gregos, as principais influências filosóficas presentes nesta obra foram Duns Scotus, Immanuel Kant[1] e a escola de linguagem corrente da filosofia do século XX.

Sou grato às várias pessoas que me ajudaram neste projeto. Recebi bons conselhos nos muitos *campi* que visitei durante minhas palestras. Os colegas do departamento de filosofia calvinista contribuíram de uma forma ou de outra na leitura de grande parte desse material, e, em razão disso, este livro ganhou mais qualidade. Os amigos do Thursday Morning Group [Grupo das

[1]Filósofo alemão (1724–1804) cuja filosofia crítica tenta responder às questões: "Que podemos conhecer?", "Que podemos fazer?", "Que podemos esperar?", e remete a razão ao centro do mundo, como Copérnico remetia o Sol ao centro do sistema planetário. Escreveu *Crítica da razão pura*, entre outros. (N. do E.)

Manhãs de Quinta-feira] mostraram-me que há um reconfortante terreno comum entre os filósofos profissionais, que também são cristãos, e o público cristão esclarecido. C. Stephen Evans, James Ingram, Cornelius Plantinga Jr., William Jensen, Samuel Jolman, Benjamin Lipscomb e Terence Cuneo leram o manuscrito e apresentaram críticas extremamente úteis. A todas essas pessoas e a outras que igualmente me ajudaram, mas cujos nomes deixei de mencionar, minha gratidão.

1 MORALIDADE

NESTE LIVRO, VOU QUESTIONAR A relação entre moralidade e Deus. O que é moralidade? Ela apresenta dois componentes: um conjunto de normas de prática social e a organização destas, conforme uma diretriz principal. Podemos citar como exemplos de normas morais o dever de manter nossas promessas; não cometer assassinato; sermos agradecidos às pessoas que agem gentilmente conosco; e não guardarmos rancor. Algumas dessas normas nos dizem o que fazer; outras, o que não devemos fazer. Algumas são normas relativas a ações; outras, se referem ao caráter ou à atitude diante de determinada situação. Algumas também são normas legais, ao passo que outras, não. No entanto, todas são normas de prática social, visto que são ensinadas em um contexto de sociedade e representam a argamassa que une um corpo social. Os pais tentam ensinar moral aos filhos, e os membros de uma sociedade cultivam as normas que esperam uns dos outros. Todas essas normas correspondem a valores que compreendemos, os quais devem ser defendidos e expressos por elas. Por exemplo, aquela que nos diz que não devemos cometer assassinato corresponde ao valor da vida humana; a norma que nos diz que não devemos guardar rancor corresponde aos valores de relacionamento e reconciliação. Essas normas, e os valores por trás delas, podem competir entre si, no sentido de que eventualmente teremos de escolher entre elas.

Para ajudar nessa escolha, a moralidade tem um segundo componente: uma diretriz organizativa. Esta nos diz que devemos ter a perspectiva mais ampla possível do mundo e, a partir dessa perspectiva, cuidarmos do bem-estar de todos; determina que respeitemos os valores únicos e comuns de cada pessoa. Na terceira seção, discutiremos detalhadamente essa definição. A idéia geral é que nossas normas são organizadas em torno de uma preocupação global e também bastante pormenorizada de cada pessoa.

Os fundamentos encontrados no cristianismo, no que se refere ao primeiro componente (normas e seus valores correspondentes), são os mandamentos da lei, em especial o segundo grupo dos Dez Mandamentos dados a Moisés no monte Sinai (Êx 20.12-17). Jesus também deixou-nos o Sermão do Monte (Mt 5—7), e as epístolas estão repletas de conselhos sobre como tratarmos uns aos outros. Por exemplo: "Mas agora, abandonem todas estas coisas: ira, indignação, maldade, maledicência e linguagem indecente no falar. Não mintam uns aos outros, visto que vocês já se despiram do velho homem com suas práticas e se revestiram do novo, o qual está sendo renovado em conhecimento, à imagem do seu Criador" (Cl 3.8-10). Os fundamentos do segundo componente (a diretriz organizativa) são encontrados no segundo dos grandes mandamentos deixados por Jesus: "Ame o seu próximo como a si mesmo" (Mt 22.39,40; v. tb. Lv 19.18).

Esses vários mandamentos do cristianismo dão fundamento aos dois componentes da moralidade como a conhecemos. Isso não quer dizer que todos os cristãos, ao longo da história da igreja, tenham conhecido o conjunto de normas e valores que "nós" agora conhecemos, nem mesmo que todos tiveram a diretriz organizativa mencionada acima. (A quinta seção deste capítulo fala mais a respeito do que quero dizer com "nós".) Também não estou afirmando que o cristianismo é o único pano de fundo histórico da moralidade como "nós" a conhecemos. O capítulo 7 expõe como ainda sentimos a força dos valores que foram propostos na Grécia antiga e continuam incompatíveis com o cristianismo.

Minha afirmação aqui refere-se aos mandamentos a respeito de nossa relação com o próximo e como eles estão vinculados aos mandamentos sobre nosso relacionamento com Deus. Ou seja, os dois grupos presentes nos Dez Mandamentos dados no monte Sinai fazem parte de um único todo, assim como os dois grandes mandamentos deixados por Jesus. Amar o próximo pertence ao contexto de amar a Deus. Se tentarmos separar o amor ao próximo do amor a Deus, incorreremos em diversos tipos de incoerências. Este livro procura se concentrar em duas questões: se nós podemos cumprir os mandamentos em relação ao próximo e por que deveríamos tentar cumpri-los. Logo, o projeto deste estudo é em certo sentido um tipo de resgate. Quero voltar ao passado e retomar os fundamentos teológicos, em relação aos quais a moralidade como nós a conhecemos faz sentido. Mas o projeto não se restringe a ser apenas um resgate, nem é meramente nostálgico. Não quero com isso dizer que precisamos, por exemplo, voltar à Idade Média. O que descobrimos sobre moralidade modernamente, uma vez que esteja de acordo com esse passado, é valioso e merece ser preservado.

Após abordar os dois componentes da moralidade, o capítulo segue com o exame da relação entre valor e obrigação, ou entre "bom" e "certo". Então, será explicado o uso de "nós" e "nosso". A última seção verificará o que chamo de "lacuna moral" entre as exigências morais e nossas capacidades naturais. Ainda mencionarei rapidamente algumas estratégias para lidarmos com essa lacuna, tanto as utilizadas por aqueles que não crêem em Deus como as utilizadas pelos que nele crêem. (Os capítulos 2 e 3 examinam com maior profundidade essas estratégias.)

NORMAS E VALORES

O que é uma norma? Não estou falando do sentido meramente estatístico da palavra. Uma norma estatística seria esta: "Os seres humanos consomem duas mil calorias por dia". Se um biólogo disser isso, não estará de forma alguma recomendando esse nível de ingestão de calorias. Estará apenas informando que essa quantidade de calorias é o que o ser humano (diferentemente, digamos, do tatu) normalmente consome. O fato estatístico encobre uma enorme diversidade de consumos calóricos reais de diferentes seres humanos. No entanto, as normas componentes da moralidade não são apenas fatos sobre como vivemos, porém nos dizem como *deveríamos* viver. As normas correspondem a valores e existem para defendê-los e expressá-los. Por exemplo, as normas que prescrevem que não se deve mentir correspondem ao valor da verdade e da honestidade. Podemos determinar os valores sancionados por uma sociedade, ao definirmos um perfil do que seus membros são inclinados a amar ou odiar. O mesmo é válido para um indivíduo. Vejamos o seguinte caso:

Rosa ama a honestidade. Ela se sente desconfortável sempre que se vê em uma situação na qual tem de lidar com algo que não seja a verdade absoluta. Ama o marido e os filhos e é sempre leal a eles, ainda que com grande custo pessoal. Também está sempre disposta a falar-lhes a verdade sobre suas falhas quando crê que é preciso e não será cruel. Aprecia imensamente conhecer outras pessoas, mas odeia quando estão passando por necessidades e não há como ajudá-las. Isso significa que ela está sempre tentando desdobrar seu tempo, visto que existe uma infinidade de pessoas com necessidades a serem supridas. Detesta a injustiça, principalmente quando se transforma em um obstáculo entre pessoas de raças ou classes sociais distintas; vai além de suas forças para derrubar essas barreiras por meio do contato pessoal. Gosta muito de tocar e ouvir boa música e, por conseqüência, dedica-se com afinco quando uma peça é desafiadora e não consegue executá-la como gostaria. Gosta especialmente de música de câmara, pois combina seu fascínio pela música com sua habilidade para relacionamentos. Execuções desafinadas e desleixadas a aborrecem, e ela odeia o modismo de inserir pequenos improvisos para estimular o sentimentalismo. Adora uma boa piada e uma boa gargalhada, contanto que não seja ofensiva a ninguém. Não raro, as situações que considera mais divertidas são aquelas em que suas pretensões são expostas. Por fim, ela mostra uma cordialidade instintiva que deixa as pessoas à vontade. Fica feliz em estabelecer contato pessoal imediato, por exemplo, com uma garçonete ou a vendedora de uma loja de departamentos.

Se eu considerar Rosa uma boa pessoa, estarei endossando os valores que posso distinguir nela. Estarei afirmando que esse perfil do que ela ama e odeia descreve uma atração pelo que é realmente bom e uma repulsa ao que é verdadeiramente mau. O caráter de Rosa será coerente à medida que os valores que a influenciam possam ser alcançados em conjunto. Se estiverem em conflito entre si ou em conflito por causa das circunstâncias enfrentadas, ela poderá ser destroçada. Às vezes, até mesmo boas pessoas, ou principalmente as boas pessoas, são divididas dessa maneira. Construí esse perfil de propósito, com a finalidade de misturar diferentes tipos de normas: moral e estética, padrões de humor e de etiqueta. No caso de Rosa, é difícil separar uma coisa da outra.

O que faz com que as normas morais sejam *morais*? É relativamente simples dizer o que a moralidade não é. Em algumas sociedades, tocar a comida com as mãos enquanto come é falta de educação; entretanto, em outras sociedades, é isso que se deve fazer. Por exemplo, há pouco tempo visitei um vilarejo chamado Njola, no sul da Zâmbia (África Central), onde minha filha trabalhava. Lá, deram-nos uma tigela de um grosso mingau de milho (chamado *nshima*) e outra de vegetais ou carne condimentada. Disseram-nos que formássemos, com as mãos, um tipo de colher com o *nshima*, para ser usada na outra tigela. Essa é uma norma de etiqueta, e não de moralidade. Quando vemos uma pintura de Cézanne, com suas maçãs arrumadas sobre uma mesa, e admiramos a percepção de solidez e estrutura, estamos usando padrões de estética, e não de moral, para avaliar a obra. Mas pode haver uma sobreposição. Por exemplo, a moralidade não é definida em termos de arte ou beleza, mas é moralmente errado queimar uma pintura de Cézanne. Da mesma forma, no que diz respeito ao humor, podemos considerar uma história maçante, ainda que a moralidade nada tenha a ver com isso; mas seria moralmente questionável rirmos de piadas sobre o Holocausto. No geral, podemos dizer que a moralidade não é definida em termos de arte, etiqueta ou humor. Mas o que podemos dizer da moralidade, em comparação com outros tipos de normas?

A palavra *moral* deriva da palavra latina *mos*, que significa "costume" ou "hábito". A palavra *ética* vem do grego *ethos*, também significando "hábito", "caráter" ou "costume". Mas, para sabermos a que práticas ou hábitos sociais a palavra *moral* ou *ética* se refere, devemos conhecer o contexto cultural de quem a pronuncia. Considero que as normas de caráter e de vida, que hoje em dia identificamos como morais, são organizadas em torno de uma diretriz. Essa diretriz nos orienta a que tenhamos a mais ampla perspectiva possível do mundo e, a partir dessa perspectiva, cuidemos do bem-estar de todos; determina que respeitemos os valores idiossincrásicos e comuns de toda pessoa. Adotar essa descrição de moralidade ajuda-nos a diferenciar as normas morais de outros tipos de normas que já mencionei, como arte, etiqueta e humor.

Essas outras normas correspondem a valores que, grosso modo, possuem os próprios domínios independentes, como beleza, convenções sociais ou o que é engraçado. Digo "independentes" porque uma obra de arte pode ser cruel e, ainda assim, esteticamente correta (como alguns quadros de Francis Bacon). Uma convenção social pode ser cruel, mas ainda pode ser necessário que um cavalheiro ou uma dama lhe obedeça (como duelar, na Europa, ou amarrar os pés das mulheres, na China). Piadas cruéis podem, todavia, ser engraçadas; na verdade, freqüentemente o são. Apesar de sua independência, acabam por sobrepor-se à moralidade. A beleza contribui para nosso bem-estar, e, por esse motivo, é imoral queimar obras de arte; no entanto, algumas grandes obras têm sido utilizadas para propósitos malignos. As convenções sociais são moralmente necessárias, uma vez que nossa felicidade requer algumas regras previsíveis nos relacionamentos; mas algumas convenções são também moralmente danosas. Um bom senso de humor é moralmente valioso, uma parte importante de nosso progresso como seres humanos; mas também sentimo-nos, ou deveríamos nos sentir, moralmente constrangidos pelas piadas que contamos e de que rimos.

Resumindo: uma norma estabelece o modo como deveríamos viver e corresponde a um valor que existe para ser defendido e expressado por ela. (O capítulo 6 explora em mais detalhes a realidade objetiva de valor.) A norma moral é a que se organiza em torno da diretriz principal de uma preocupação global, porém bastante pormenorizada, pelo bem-estar de cada pessoa.

A DIRETRIZ ORGANIZATIVA

Três partes compõem a diretriz organizativa: a primeira nos orienta a tentarmos pensar como se estivéssemos na posição da pessoa que melhor pode avaliar o bem-estar do todo e cuidar disso; a segunda manda que consideremos as pessoas como o que há de mais valioso no mundo e que as tratemos da mesma forma; e a terceira nos orienta a valorizar tanto o que há em comum entre as pessoas como suas singularidades.

Em primeiro lugar, não aprovamos todos os impulsos que temos. A diretriz organizativa nos proporciona um filtro. O nosso ideal é considerar tanto a situação como nossa reação a partir da posição que melhor pode avaliar e tratar o bem-estar do todo. Mas o que é "o todo" aqui? Imaginemos que Rosa esteja sentindo um impulso de ajudar alguém que ela conhece, tentando decidir se deve apoiar essa sensação. Rosa pode perguntar se a escolha condiz com tudo aquilo que lhe importa. É um tipo do todo pessoal. Mas ela pode ir além disso. Pode perguntar se condiz com o que é bom para sua família, os amigos e os colegas, ou todas as pessoas (onde quer que vivam) que seriam afetadas pela forma como vive. Nesse ponto, ela chegaria a algo parecido com toda a humanidade.

Mas essa reflexão não tem de parar por aqui. A vida dela também afeta os animais e todo o planeta. Ela pode perguntar se sua escolha condiz com o que é bom para tudo isso. Não estou tentando expor com isso toda uma teoria ética. Portanto, não tentarei ser mais específico. Não tentarei analisar o que é "bom" em termos de interesses, finalidades naturais ou preferências lógicas; ou dizer se as plantas, montanhas ou outros planetas estão inclusos. Apenas estou frisando que realizamos uma seleção moral ao darmos, por assim dizer, um passo para trás — ao perguntarmos mais e mais, chegando até mesmo a inquirir se o que tencionamos é compatível com o bem-estar e a integridade do todo do qual fazemos parte.

Alguém que crê em Deus pensará que quando digo "a partir da posição que melhor pode avaliar e cuidar do bem-estar do todo" quero dizer: "da posição de Deus". Afinal, Deus é aquele que pode ver o todo. O capítulo 8 examina se a crença em Deus é necessária para uma boa explicação da posição exigida pela diretriz organizativa. Por ora, suponha que um ser humano, um observador ideal, possa ver o todo do qual faz parte e cuidar desse todo. Suas recomendações para nossas situações seriam, então, o convencionalmente aceito para o que é bom e correto em tais situações. É evidente que não ocupamos realmente essa posição, embora possamos tentar nos aproximar dela em nossos julgamentos morais. Isso nos é vetado, não apenas porque nosso conhecimento é finito, mas também por parecermos ter uma preferência intrínseca por nosso bem-estar, o que é incoerente com o cuidar principalmente do todo.

Essa posição, que vê o todo e cuida dele, não nos atribui moralidade por si mesma. O observador ideal poderia agir de diferentes formas a partir desse ponto de vista. Vamos imaginar que essa pessoa pense que as baratas são as criaturas mais valiosas da Terra, que tudo deveria ser feito para fazê-las prosperar, ainda que com o custo de grande sacrifício pessoal. Ela as introduziria nos lares de todos os seus amigos, nas lojas e nas igrejas, a fim de ajudá-las na conquista do lugar de domínio que lhes é devido no mundo. No entanto, a postura moral requer que as *pessoas* sejam consideradas como o que há de mais valioso no mundo e que sejam tratadas de forma equânime. Essa é a segunda parte da diretriz organizativa. O modo de pensar do observador moralmente ideal não é apenas imparcial. O desprezo e o ódio podem ser tão imparciais quanto o amor. É possível que alguém odeie todos os seres humanos, inclusive a si mesmo. Mas o observador moralmente ideal deve ser imparcialmente generoso, preocupando-se mais com a felicidade das pessoas do que com qualquer outra coisa e atribuindo o mesmo valor ao bem-estar de todos.

Rosa gosta muito de ter um contato direto e em nível pessoal com a garçonete que a atende. Não a trata como se fosse apenas uma correia transportadora com pernas, com a única função de trazer a comida da cozinha para a mesa o mais rápido possível. O que ela faz para demonstrar que respeita quem lhe serve como alguém que tem o mesmo valor que ela mesma? Leva a sério o que a própria garçonete deseja, e toma para si os objetivos dela, até onde lhe for possível naquela situação. Rosa pode ter tido um dia longo e difícil, porém reconhece que a garçonete também pode ter tido um dia longo e difícil, e a impaciência torna tudo mais penoso para as duas. Ambas possuem o mesmo valor.

O fato de o observador moralmente ideal estender ou não tais considerações morais, aplicando-as não apenas às pessoas (considerando como pessoas, por exemplo, as baratas), não é uma questão para ser tratada aqui. Tenho a sensação de que nossa moralidade está mudando e de que estamos começando a considerá-la não apenas em nossas relações com as outras pessoas (ainda que não cheguemos a ponto de aplicá-la em relação às baratas). Creio que tal aplicação está correta. Mas, mesmo assim, enquanto concordarmos que os humanos são mais valiosos que os animais (o que alguns ecologistas radicais tendem a negar), o bem-estar humano será mais valorizado.

Desse modo, a seleção realizada pela diretriz organizativa é, em primeiro lugar, uma tentativa de raciocinar na posição de uma pessoa com condições de avaliação e que se preocupa principalmente com o bem-estar do todo. Em segundo lugar, considera que as pessoas são o que há de mais valioso no mundo, tratando-as como iguais entre si. O terceiro componente não é tão amplamente aceito em relação ao nosso sistema ético, como os pontos um e dois. Destaquei anteriormente a semelhança entre as pessoas que atentam para a mesma moralidade, só pelo fato de serem pessoas. Não formulei pergunta alguma sobre o que na pessoa humana a torna o que há de mais valioso no mundo. É tentador respondermos que, seja o que for, deve ser algo em comum entre as pessoas, como a própria natureza humana.

No entanto, há uma tendência na tradição a que pertencemos que nega isso. Eis o terceiro ponto: ele sustenta que o que nos diferencia, como humanos, uns dos outros é ainda mais valioso, ou ao menos possui o mesmo valor, do que aquilo que temos em comum. A idéia é que cada um de nós possui, como pessoa, uma essência individual, a qual é exclusiva para nós. O fundamento encontrado na Bíblia cristã é que Deus dá a cada pessoa no céu um nome gravado sobre uma pedra branca, e que, apesar de Deus conhecê-lo, nós ainda não o sabemos (v. Ap 2.17). Esse nome (como os nomes hebreus antigos, em geral) revela características daquele que o ostenta. Como fez Jesus, ao dar a Simão o nome de "Pedro" (*petros*, significando rocha). Sob esse aspecto, tratar uma pessoa como tal é tanto respeitar suas singularidades como um reconhecimento de suas semelhanças. Considerando o que as pessoas são, respeitá-las é tanto reconhecer que são semelhantes como respeitar o que lhes é peculiar. O respeito reverencia o que sabemos sobre alguém e também o que não sabemos.

ATRAÇÃO E RESTRIÇÃO

Qual é a relação existente entre os dois componentes da moralidade, a saber, as diversas normas com os valores que representam e a diretriz organizativa para essas normas? Os valores nos atraem como ímãs. Mas é também verdade que as normas e a diretriz organizativa envolvem enorme quantidade de restrições. A família de termos que pertencem a esse raciocínio agrupa-se em torno do que é "certo" — nossas obrigações e deveres morais —, em vez do que é "bom", aquilo que nos atrai e pelo que nutrimos amor. A obrigação pode dizer-nos o que fazer, bem como o que não fazer, mas freqüentemente opera em situações onde há uma atração ou inclinação contrárias que devem ser reprimidas.

Rosa é professora. Está tirando uma soneca, depois de voltar da escola, e se dá conta de que tem a obrigação de levantar e preparar a aula do dia seguinte. Por fim, ela é despertada por um telefonema de seus pais, para planejar o que fazer para o Natal. Tem vontade de contar uma mentirinha sobre um compromisso já firmado, mas depara-se com a obrigação de não mentir.

As obrigações podem ser oriundas dos papéis que assumimos (como a função de professor) ou de papéis que não escolhemos (como ser o filho de alguém), ou simplesmente por sermos pessoas, e não por alguma função em especial. Em todos esses casos, as obrigações podem trazer a sensação de peso e fardo. Como disse Ogden Nash:

> Ó obrigação,
> Por que não aparentas ser doce e querida?
> Por que tens a aparência de uma solteirona sisuda e
> organizada,
> Que logo a ser avistada provoca aversão?
> Por que teus óculos brilham tão ameaçadores?
> Por que te vestes de forma tão sinistra?
> Por que és tão diferente de Vênus?
> E por que tu e eu temos tão poucos interesses
> em comum?

Esse sentimento de opressão surge ao nos concentrarmos nos casos em que a obrigação e a inclinação não estão unidas. Mas a situação ideal ocorre quando elas coincidem. As pessoas mais realizadas são aquelas que gostam de fazer aquilo que têm a obrigação de executar. A doutrina teológica da santificação descreve o progresso rumo a essa condição de felicidade, e existem descrições não teológicas de desenvolvimento moral que fazem o mesmo. Em vez de pensarmos em obrigações e deveres como uma opressão, é melhor que os consideremos um procedimento de seleção, que nos permite viver de determinada maneira. Aqui, o conceito de permissão é fundamental. A expressão "É o meu dever" não significa "Eu estou (eticamente) autorizado"; um dever é exigido, e não permitido simplesmente. Mas uma pessoa com saudável senso de dever verifica constantemente o que lhe é permitido, do mesmo modo que um bom motorista confere o espelho retrovisor.

O agente moral deseja verificar se o que está fazendo é compatível com o bem do todo, atentando para o valor exclusivo de cada pessoa, bem como para a igualdade entre todos. Caso seja compatível, deve-se fazê-lo, e este tipo de permissão é uma afirmação, e não uma negação. De modo semelhante, um compositor confere cada novo encadeamento melódico com sua percepção da peça como um todo. Sua noção do todo lhe traz libertação, pois fornece limites dentro dos quais a criatividade do compositor pode prosperar. Dá à sua obra uma forma a ser seguida. A partir da idéia da permissão, podemos extrair o conceito do que *não* nos é permitido fazer ou ser (nós somos proibidos) e a noção do que *não* nos é permitido *não* fazer ou ser (é exigido de nós). Rosa não tem permissão para mentir a fim de escapar, e lhe é requerido que se levante para preparar sua aula. Uma vez que ela sente atração pela honestidade e por ensinar bem, tanto sua inclinação quanto sua percepção do que é permitido coincidirão. Isso, porém, não significa que falar a verdade e fazer seu trabalho deixaram de ser sua responsabilidade. Significa tão-somente que ela possui a percepção providencial do que lhe é adequado.

O senso de obrigação não é uma motivação de segunda linha para atitudes virtuosas. Somos inclinados a pensar que o melhor tipo de pessoa auxilia os outros não por causa de uma obrigação, mas em virtude de um interesse direto no bem-estar deles. Se eu perguntar a meus alunos: "Estando no hospital, vocês prefeririam ser visitados por quem os ama ou por alguém que os visita por obrigação?", a resposta será óbvia. Mas essa pergunta supõe o tipo de distância entre inclinação e senso de dever proposta por Ogden Nash, e o que descrevi não é o melhor exemplo de dever. O melhor tipo de pessoa faria tal visita tanto por dever como por querer fazê-la, e não perceberia tensão alguma entre os dois sentimentos. Da mesma forma, Rosa pratica seu instrumento porque deveria (a peça o exige) e porque o quer. O fato de ela querer praticar não impede que a prática seja necessária. Mas seguramente nem todos nós somos assim tão bons. Percebemos a diferença entre o que desejamos e o que é nossa obrigação. E podemos até mesmo descrever um senso de dever "doentio", no qual não há nenhuma inclinação ou atração, mas apenas o sentimento implacável de coação. Talvez esse seja o exemplo mais claro de que o senso de dever pode ser percebido de modo total e completamente isolado. Entretanto, isso não significa que esse seja o melhor senso de dever que uma pessoa possa ter.

Pondo a questão dessa forma, podemos ver que a atração e a restrição apresentam seus próprios e fundamentais papéis na moralidade. Se, grosso modo, compreendermos "certo" como restrição, e "bom" como atração, haverá diferentes tipos de precedência entre eles. O que é certo não origina o que é bom (não na acepção ora apresentada). O bom é como um ímã, com poder de atração próprio. Mas o certo tem poder de veto, tendo precedência ou prioridade nesse sentido em especial. A autoridade exercida sobre o que é bom não tem relação com algo alheio. O certo é, mais exatamente, a conformidade de algo bom em particular com o que é bom para o todo, considerando o valor exclusivo de cada pessoa, bem como a igualdade entre todos.

NORMATIVO E DESCRITIVO

Existe um grupo de normas principais em toda cultura conhecida. Por exemplo, em todas as sociedades, podemos encontrar a instituição moral da promessa (ou, pelo menos, algo muito semelhante à promessa) e alguma noção de assassinato criminoso. Antropólogos culturais têm proposto uma lista de "conceitos humanos universais", que montam a centenas. Mas, se observarmos diferentes sociedades por todo o planeta e ao longo da história da humanidade, veremos, além de semelhanças, uma enorme diversidade nas normas pelas quais elas vivem.

A diversidade pode ser verificada ao compararmos as cenas principais de quatro épicos, escritos com intervalos de aproximadamente oito séculos. Na *Ilíada*, de Homero[1], Aquiles, que estava aborrecido em sua tenda, finalmente decide voltar a lutar pelo bem de seus companheiros, mas principalmente para vingar a morte de seu querido amigo nas mãos de Heitor. Compare-o com Enéias, em *Eneida*[2], de Virgílio[3], que imita Aquiles, mas se relaciona com as paixões de forma totalmente diferente. Visita Cartago e apaixona-se por sua rainha, Dido, e, então, os deuses o convocam a assumir seu destino, que é fundar a cidade de Roma. "Agora a Itália deverá ser minha paixão e meu lar", diz ele à confusa rainha, zarpando logo em seguida. Os heróis de Homero não têm um país, como o festejado por Virgílio. Logo, não

[1]Poeta épico grego. Além da *Ilíada*, lhe é atribuída a autoria da *Odisséia*. Segundo Heródoto, HOMERO teria vivido no século IX a.C. e seria de origem jônica. Dizia-se que era cego e percorria o mundo mediterrâneo recitando seus poemas. (N. do E.)

[2]Obra não totalmente terminada devido à morte do autor.

[3]Publius Vergilius MARO, poeta latino (70 a.C.–19 a.C), compôs *Geórgias* e *Eneida*, respectivamente um grande painel da vida rústica e uma vasta epopéia nacional. (N. do E.)

possuem senso algum de dever a esse respeito. São leais uns aos outros, mas não a algo como "o destino de Roma".

Se compararmos Enéias com Beowulf (oito séculos depois), tornaremos a perceber diferentes normas em ação. Por exemplo, nada em Homero ou Virgílio assemelha-se ao encontro decisivo entre Beowulf e o fantasmagórico monstro Grendel, descendente de Caim. Os épicos anteriores não descrevem essa natureza de mal demoníaco, em parte porque *Beowulf* foi influenciado pelo contato com o cristianismo. A *Ilíada,* de Homero, não traz um sentimento de combate cósmico entre o bem e o mal, mas somente a disputa entre alguns seres divinos contra os outros com os quais os humanos estão envolvidos. Em Virgílio, ao mesmo tempo que há um conflito cósmico, este é visto através das lentes da política, ou do destino de Roma. Por fim, *Paraíso perdido*, de John Milton[4], que surge 800 anos após *Beowulf*, retrata mais uma vez um mundo completamente diferente. Nada nos épicos anteriores se compara à cena em que Adão opta por comer a maçã para que Eva não ficasse só em seu pecado, considerando o companheirismo conjugal mais importante do que o risco de perder a salvação. Ele não aceitará outra companheira, mesmo que seja feita de outra de suas costelas, e coloca esse relacionamento pessoal acima de seu relacionamento com o Criador.

Contudo, apesar de todas essas diferenças, também sentimos alguma afinidade. São obras reconhecidamente épicas e trazem, todas elas, heróis diante de situações difíceis, demonstrando excelência de caráter, tentados a desertar de seus compromissos, sentindo raiva e amor, tristeza e vergonha. Não nos comoveríamos

[4]Poeta, político e teólogo inglês (1608–1674). Partidário de um humanismo sem compromisso, ilustrou sua fé em poemas filosóficos e pastorais. (N. do E.)

com seus problemas nem admiraríamos sua tenacidade se não tivéssemos essa afinidade com eles. Portanto, existem, ao mesmo tempo, diferenças excepcionais e características importantes em comum. Isso não é verdadeiro apenas no aspecto histórico, mas também no aspecto geográfico. É possível irmos de Grand Rapids, no estado de Michigan (EUA), para o sul da Zâmbia e sentirmos a mesma mistura de perplexidade e familiaridade peculiar.

Assim, o mesmo conjunto de normas não está presente em todas as culturas ou sociedades, o que também ocorre com a diretriz organizativa. Ao longo de grande parte da história humana, as pessoas têm carregado um sentimento de obrigação para com os outros membros da mesma tribo ou nação, mas não com outros seres humanos como tais. Sociedades que não partilham um pensamento igualitário em relação ao ser humano mostram moralidades que diferem das nossas em maior ou menor proporção.

Todavia, precisamos diferenciar as explicações descritivas e normativas da natureza da moralidade. Há duas maneiras de formularmos a pergunta e respondermos a ela: "O que é moralidade?". Poderíamos perguntar: "Como deveríamos viver?", e a resposta seria que deveríamos cumprir nossas promessas, ser gratos aos nossos benfeitores, e assim por diante. Essa é uma explicação normativa. Mas também poderíamos perguntar, em relação a uma sociedade em particular ou a todas de modo geral, como realmente é sua moralidade. A resposta poderia ser que, nas sociedades XYZ, seus membros valorizam os tipos de vida ABC. Dizer isso não apóia tal avaliação nem tenta orientar a forma como nós ou eles deveríamos viver. Não passa de uma explicação descritiva acerca das práticas em XYZ. De forma semelhante, um relatório biológico (humanos ingerem duas mil calorias por dia) é apenas um relatório, e não uma aprovação. A segunda seção deste capítulo expõe que consideramos as normas como morais quando elas se organizam em torno de determinada diretriz. Essa sugestão a respeito da diretriz organizativa é normativa ou descritiva? Ambas as coisas. Deveríamos organizar nossas normas morais em torno desse princípio. Mas a sugestão também é resposta a uma pergunta descritiva sobre uma sociedade específica, a saber, a nossa. A pergunta é: "Quais as normas de nossa sociedade que denominamos morais?". A resposta é: "Aquelas que estão organizadas em torno dessa diretriz".

Os termos *nós* e *nosso* são freqüentemente descritivos e normativos, pois existem critérios normativos por trás da inclusão ou exclusão de uma pessoa do "nosso" grupo. Por isso, a classe alta inglesa costumava ter o código "NQOCD"[5], que significa: "Não possui nossa classe, querido(a)", e que era usado quando ficava embaraçoso ser mais abertamente soberbo. Eles determinavam quem fazia parte ou não da "nossa classe", por meio de elaborado conjunto de termos normativos como *cavalheiro*. Quando pergunto o que nós, em nossa sociedade, chamamos de moral, então quem somos "nós"? Seria esse um termo descritivo, normativo, ou ambos? Compreendo-o como descritivo, a fim de incluir pessoas que vivem nos lugares onde vivi na América do Norte e Europa, e em muitos outros lugares do mundo que são assim. Minha alegação é que existem numerosas afinidades entre os conceitos de moralidade a ser encontrados nessa cultura em expansão (bem como grande quantidade de fracassos em comum, ao tentarem viver de acordo com esses padrões). Se um morador de um desses lugares não aceitar a idéia, por exemplo,

[5] "Not quite our class, dear." (N. do T.)

de que os humanos são semelhantes entre si, essa pessoa estará em desacordo com a cultura dominante, mas ainda pertencerá a "nós". Isso significa que "nós" temos muitas normas diferentes, segundo as quais vivemos, assim como muitas afinidades. Qualquer sistema político, para ser viável nessas partes do mundo, precisa reconhecer tanto a diversidade quanto o consenso mais amplo (embora esse não seja universal).

O significado das principais afirmações contidas neste livro é que nem todos "nós" temos as crenças fundamentais que (se estou certo) fazem com que as normas que apoiamos façam sentido. Por si só, essa já é uma afirmação normativa, e quem sabe pretensiosa, visto que "fazer sentido" é um conceito normativo. Ser coerente ou fazer sentido é uma *virtude* das estruturas de pensamento (ainda que não seja sua única virtude). Se eu estiver certo dessa falta de coerência, é importante que aqueles de nós que realmente crêem nesses fundamentos possam expressar publicamente essa relação entre norma e formação cultural. Pois, se a moralidade não faz sentido sem seus fundamentos culturais, ao rejeitarmos esses fundamentos, a própria moralidade começará a decompor-se de várias formas; essa fragmentação é igualmente nociva para as pessoas que crêem nesses fundamentos e para as que não crêem neles.

A LACUNA MORAL

Além do "bom", precisamos do "certo", pois somos limitados e pensamos apenas em nós mesmos. Não nos preocupamos com o bem do todo; e, mesmo quando vemos que o bem de outras pessoas está em jogo, somos inclinados a preferir nosso próprio bem. Com isso, não quero dizer que há algo de errado em aspirarmos ao próprio bem. Mas a questão moral primordial é o modo pelo qual classificamos as prioridades. Ao examinarmos situações específicas nossas, algo pode parecer ruim para nós e bom para o todo. Será que colocamos nosso bem-estar em primeiro lugar, considerando secundário o bem do todo, de forma que só faremos o que é bom para todos (e tudo) se nos certificarmos de que isso é bom para nós? Ou invertemos essa prioridade, pondo o bem do todo em primeiro lugar, de forma que só faremos o que nos agrada se verificarmos que isso condiz com o bem do todo? Creio que nascemos com a tendência de darmos maior atenção ao nosso próprio bem-estar (a primeira opção). Então, a fim de sermos pessoas moralmente boas, necessitamos da coação que o conceito de "certo" nos traz, para que nossas pretensões sejam filtradas. Mas, mesmo que não tivéssemos essa tendência natural, ainda precisaríamos do "certo". Considerando que somos limitados, sentimo-nos atraídos para o que é bom de uma forma extremamente incompleta e fragmentada. Precisamos de algum tipo de procedimento para verificar, ainda que provisoriamente, se o "bom" para o qual nos sentimos atraídos condiz com a prosperidade de todos (e de tudo) como um todo.

Temos aqui a estrutura da lacuna moral. Em primeiro lugar, há a exigência moral, que associa o bom e o certo da forma que venho apresentando. Ela submete nossa vida à diretriz organizativa. Essa demanda, porém, é muito elevada ao considerarmos nossas capacidades naturais, as capacidades com que nascemos. Essas capacidades representam a segunda parte da estrutura.

Citemos um exemplo para que isso fique mais nítido. Na Zâmbia, a renda *per capita* é de pouco mais de um dólar por dia. Lá, muitas pessoas, principalmente crianças (em especial, órfãos da AIDS), morrem de fome todos os anos. Quando vou ao cinema nos Estados Unidos, ao preço de sete dólares, gasto dinheiro suficiente para manter uma criança viva na Zâmbia durante uma semana. Se eu analisar essa situação de uma perspectiva que contempla o bem do todo, levando em conta que cada ser humano é valioso, único, e que somos todos semelhantes, como eu poderia justificar tal despesa?

Talvez seja um filme importante, repleto de verdade e beleza. Mas talvez seja *Rocky V*. Podia ser que eu precisasse ver o filme por causa de meu trabalho, para ser um crítico cultural bem informado. Porém, talvez *Rocky I* até *Rocky IV* fossem mais que suficientes para esse propósito. Quem sabe corro o risco de um colapso, caso não relaxe e tenha algum lazer. Mas por que não dar uma volta no parque em vez disso? Pode ser uma boa oportunidade de passar algum tempo com meus filhos, pois eles têm me apoiado de forma sem igual. Mas esse filme é realmente a melhor maneira de passar momentos agradáveis e de boa qualidade com meus filhos?

Creio que, uma vez apresentado tudo isso, ainda ficaremos com a sensação de que a moralidade requer um padrão de vida consideravelmente inferior àquele atualmente desfrutado pela maioria de nós no Ocidente. Essa questão, ou seja, como passo meu tempo, é martirizante. Pode levar a uma autodepreciação e ao ódio por todo o modo de vida americano. Não se trata apenas do cinema, mas do *CD player*, do novo sofá, da jaqueta. O assunto pode até levar ao desespero, uma vez que as necessidades são tão imensas, e meus recursos, tão lamentavelmente reduzidos. Voltaremos a esse assunto no capítulo 2. (Também discuti esse tema no capítulo 7 de *Ethics and international affairs* [*Ética e relações internacionais*].) Por ora, a questão é que as exigências éticas são muito elevadas em relação a nossas capacidades naturais. Como podemos viver de acordo com elas?

As pessoas, muitas vezes, adicionam um terceiro item a essa estrutura da lacuna entre o que nos é exigido e nossas capacidades. Elas imaginam um ser (ou seres) que não possui nossas limitações e que é a origem dessas exigências. Expliquei esse conceito anteriormente, nos termos de um observador ideal. Imaginamos a moralidade como algo exigido de nós por alguém sem limitações em seus conhecimentos e sem um egocentrismo semelhante ao nosso. É curioso que essa característica de nossa moralidade tenha sobrevivido em tempos modernos, até mesmo entre teóricos que já não crêem no Deus que era o "observador ideal" na tradição. Eles não presumem que o observador ideal realmente tenha de existir. Mas parecem inclinados a pensar na moralidade como se determinado ser (ou seres) tivesse existido.

Essa estrutura em três partes não se encontra somente em sociedades influenciadas pelo judaísmo, cristianismo e islamismo. Aristóteles[6] nos diz que a melhor vida seria superior ao nível humano, mas que não devemos seguir os escritores de aforismos que dizem: "Pensa como humano, visto que és humano" ou "Pensa como mortal, visto que és mortal"; em vez disso, na medida do possível, devemos ser imortais (quer dizer, como os deuses imortais). Durante uma semana, dei palestras na China, onde fui apresentado aos ensinos de Chu Hsi (do século XII) e visitei o monastério em que ele ensinava. Ele diz que deveríamos considerar os seres humanos (pelo menos a maioria deles) como seres impossibilitados de ter uma clara visão do princípio do "certo", por serem como pérolas submersas em água lamacenta.

[6]Filósofo grego (384 a.C.–322 a.C.). Seus tratados provêm de notas tomadas por seus ouvintes; não são redigidos por ele; constituem um vasto conjunto, em que se incluem obras de lógica, anatomia e fisiologia, cosmografia, metafísica. Aristóteles também escreveu uma *Retórica* e uma *Poética*. (N. do E.)

Todavia, a estrutura da lacuna moral padece de um problema interno. Parece absurdo, realmente incoerente, cobrar das pessoas um padrão que não conseguem atingir. Um modo de formular essa idéia é que "ter obrigação de" implica em "ser capaz de". Isso é verdadeiro, se compreendermos seu significado; por exemplo, se uma pessoa não é capaz de fazer algo, nem chegamos a considerar se ela deve fazê-lo. Se as exigências morais são muito elevadas para nós, nem chegamos a considerar se devemos vivê-las.

Certa vez, Rosa levou o filho Ned para visitar seu pastor. O pastor pediu-lhe que o deixasse segurá-lo, e Rosa assentiu com certa relutância. Tinha acabado de alimentá-lo e sabia que era propenso a regurgitar. O pastor segurou-o contra o peito e deu tapinhas em suas costas. Ned imediatamente regurgitou em sua camisa. Rosa ficou morta de vergonha, mas não culpou Ned. Afinal, ele não tinha como controlar sua digestão, e`não fazia nenhum sentido dizer-lhe que não deveria ter feito aquilo. Um princípio fundamental em sua forma de criar os filhos sempre fora considerá-los responsáveis somente por um padrão que pudessem alcançar.

O cristianismo tem uma interpretação particular da lacuna moral. Considera que o terceiro item na estrutura da lacuna moral é Deus. Ele intervém para alterar a segunda parte da estrutura (nossas capacidades naturais), a fim de que se torne adequada à primeira parte dessa estrutura (a exigência moral).

O prestígio dessa visão vem decaindo na cultura elitista ocidental. O resultado é uma série de tentativas de lidar com o problema da lacuna moral sem considerar o auxílio de Deus. Existem três estratégias principais. Agora veremos um exemplo da cada uma delas e, então, exploraremos cada idéia no próximo capítulo. A primeira estratégia é preservar as exigências como são e fingir que temos em nós as condições necessárias para vivermos de acordo com elas. Por exemplo: fingimos que apenas a ignorância e a falta de educação nos impedem de sermos éticos, e não o incontestável fracasso de nossa vontade. A segunda estratégia é reconhecer o limite das capacidades com que nascemos, bem como daquelas que desenvolvemos, e, então, ajustarmos a elas as exigências morais. Por exemplo, afirmamos que não somos capazes de ser imparcialmente generosos e, por isso, não temos obrigação alguma com crianças famintas na África, as quais não conhecemos. A terceira estratégia é manter tanto as exigências como as capacidades onde se encontram, dentro da representação tradicional da lacuna moral, e, então, tentar achar uma alternativa que substitua o auxílio de Deus na solução da lacuna. Por exemplo, afirmamos que existe uma força vital no universo, que surge naturalmente em formas de consciência cada vez mais elevadas até chegar a uma maturidade moral. Se essas três estratégias falham, e creio que falham, somos pegos na lacuna moral.

Não proponho aqui, nem em qualquer parte deste livro, que somente os que crêem em Deus podem ser moralmente bons. Sem dúvida alguma, muitos que não crêem em Deus têm vida moral que faz os crentes passarem vergonha. No entanto, penso que existe certa incoerência em suas vidas, dado que Deus, assim creio, é o provedor da vida moralmente boa e a fonte de autoridade da moralidade. Não há nada particularmente surpreendente em uma incoerência dessa natureza. Adquirimos nossas crenças de fontes tão distintas que um conjunto delas que seja totalmente coerente tende a ser exceção em vez de regra. Considere, por exemplo, as diferentes crenças sobre o mundo, as quais herdamos de nossos pais, e como essas crenças acumulam-se em nossas mentes, ajustando-se umas às outras, de modo um tanto semelhante a nossos próprios pais. Incoerência em um conjunto de crenças é comum, mas isso não é desculpa. Nossa razão ainda aponta-nos a obrigação de aspirarmos à coerência. A incoerência em nossas crenças de moralidade traz conseqüências. A vida moral de crentes religiosos e de não-crentes tem provavelmente diferenças, o que examinaremos no capítulo final.

Quais são os recursos oferecidos pelo cristianismo para a solução dessa lacuna? Esse é o tópico do capítulo 3, que discute as doutrinas da expiação, da justificação e da santificação. Cristo morre por nossos pecados, Deus nos imputa a justiça de Cristo, e o Espírito Santo vem habitar em nós para conduzir-nos à santidade. Essas doutrinas relacionam-se principalmente ao problema em nosso *interior*. Mas também existem problemas acerca do tipo de mundo *exterior* em que deveríamos crer termos nascido, admitindo-se que temos de manter a vida moral. Temos de crer que o mundo faz algum tipo de sentido moral, ainda que em meio a nossas experiências com tragédias e maldades. Esse é o tópico do capítulo 4, que discute os recursos supridos pela doutrina cristã da providência.

2
A LACUNA MORAL SEM DEUS

NO CASO DE NÃO INTRODUZIRMOS O auxílio de Deus para explicar como podemos ser moralmente bons — ou seja, caso tentemos lidar com a lacuna moral sem Deus —, existem três outras formas de lidarmos com o problema de as exigências morais parecerem muito elevadas para nossas capacidades naturais. Não parece lógico, ou mesmo coerente, sermos responsáveis por atingir padrões de moralidade que não podemos alcançar. Assim, os moralistas que não querem envolver-se com Deus tentam nos fazer redefinir nossa situação. Ou exageram o que nossas capacidades naturais podem realizar, de modo que sejam ajustadas à exigência moral, ou reduzem a exigência moral para que esta se adapte às nossas capacidades, ou, ainda, em terceiro lugar, buscam um substituto natural para o auxílio de Deus na solução da lacuna. Este capítulo discutirá cada uma dessas estratégias, com uma seção oferecendo alguns fundamentos, e a seguinte descrevendo tanto cada uma delas quanto a razão de seu fracasso.

A VIRTUDE PODE SER ENSINADA?

Denomino a primeira dessas estratégias de "inflando a capacidade", como o sapo-tomate, *dyscophus antongilii*, que infla a si mesmo até duas vezes seu tamanho, a fim de intimidar o oponente. Tenho em mente a pessoa que diz: "*É claro*, não nascemos com a capacidade de conduzir uma vida moralmente virtuosa. Também não nascemos com a capacidade de falar nossa língua nativa. Mas nascemos com a capacidade de reagir aos nossos pais e às outras pessoas que conhecemos, de modo que *aprendemos* tanto o idioma como as normas morais. Em ambos os casos, algumas pessoas aprendem bem, outras, mal. Porém, não há necessidade alguma de introduzir alusões extraordinárias, como o auxílio de um deus, a fim de explicar o que acontece aqui. Ocorre tão-somente que um conjunto de princípios que a sociedade considera normativos está sendo assimilado na vida das pessoas por meio da educação e dos costumes".

Em 1907, um grupo de proeminentes cidadãos que viviam na cidade de Nova York reuniu-se durante um mês para discutir "os fundamentos da religião"; por fim, eles publicaram seus debates sob o título *Talks on religion* [*Conversas sobre religião*]. O grupo incluía um matemático, um homem de negócios, um historiador, um filósofo, um zoólogo, um estudante da cultura oriental, um teólogo, um "filósofo social extremamente interessado no socialismo" e um banqueiro. Todos discordaram sobre quase tudo e espantaram-se com as disparidades existentes entre suas opiniões. Mas em uma coisa eles concordaram e, em seguida, registraram-na, sentindo-se triunfantes. Concordaram em que a sociedade estava progredindo por meio da ciência e da educação universal para um futuro moralmente melhor. Essa crença era característica de sua época.

Na Inglaterra de 1895, Albert Shaw escreveu sobre planejamento urbano: "As condições e circunstâncias que cercam a vida das massas nas cidades modernas podem ser adaptadas a suas necessidades de tal maneira que redundarão no máximo desenvolvimento da raça, no que concerne ao corpo, à mente e ao caráter moral. Os assim chamados problemas da cidade moderna são apenas as várias etapas de uma única questão essencial: como o meio ambiente poderá melhor adaptar-se ao bem-estar social das populações urbanas? E a ciência pode enfrentar e resolver cada um desses problemas".

Nos Estados Unidos, esse tipo de otimismo era encontrado principalmente no teórico da educação e filósofo John Dewey, notadamente em seus primeiros trabalhos. Ele dizia que a nova educação que fomentava era "a garantia de uma sociedade mais ampla, que é digna, atraente e harmoniosa", que também tinha "em si o poder de criar uma inteligência experimental livre que realizará todos os esforços necessários neste mundo complexo e confuso no qual nós, e todos os outros povos modernos, somos obrigados a viver".

Infelizmente, o século passado não transcorreu conforme planejado. Foi o mais sangrento e brutal da história humana, e não por falta de educação. As pessoas que ordenavam e executavam os massacres, holocaustos e limpezas étnicas eram, muitas vezes, muitíssimo cultas e refinadas. Os judeus nos campos de concentração tinham de executar peças de Bach[1] para o deleite de seus algozes, antes de serem levados às câmaras de gás. Os alemães

[1]Johann Sebastian Bach, compositor alemão (1685–1750), herdeiro de vários séculos de polifonia, imprimiu a marca alemã ao moteto, ao prelúdio e à fuga, ao coral e à variação. (N. do E.)

que controlavam os campos podem não ter recebido uma educação nos moldes de Dewey, mas os acontecimentos do século XX deveriam nos fazer refletir na eficácia da educação na formação de um povo moralmente bom. Dewey foi um dos signatários originais do *Manifesto Humanista* de 1933 (repare na data, pouco antes da 2ª Guerra Mundial), que declarava: "O homem está finalmente se tornando consciente de que só ele é responsável pela concretização do mundo de seus sonhos, *de que possui em seu interior* o poder para torná-lo real" (grifo do autor). O que questiono é se isso é verdadeiro e confirmado por nossas experiências do mundo dirigido por pessoas que acreditam nisso. No despertar de um novo século, precisamos relembrar as lições do anterior.

Portanto, é impressionante que a virada do novo século seja, sob diversos aspectos, semelhante à virada do último, outra vez seguindo um período de paz entre os poderes mais expressivos e o desenvolvimento de tecnologias absolutamente inovadoras. Os teóricos da educação ainda sustentam a esperança de que técnicas educacionais assegurarão cidadãos éticos. Em 1990, T. K. Stanton escreveu: "A pedagogia em expansão, do serviço comunitário em união com o aprendizado, é a chave para *assegurarmos* o desenvolvimento de formandos que participarão em sociedade de forma ativa, ética, e com mente informada e crítica" (grifo do autor). E o *Journal of Moral Education* [*Gazeta da Educação Moral*], durante a última década, esteve repleto de sugestões para a alteração de hábitos morais dos estudantes. Sugestões por meio de técnicas educacionais que trazem alusões freqüentes ao trabalho de Dewey. Não estou aqui condenando o serviço comunitário aliado ao aprendizado. Tenho uma crença sólida em sua aplicação e pratico-o em minhas próprias aulas. Quando os alunos encaram uma situação real, mudam as ponderações que lhes vêm à mente e aprimoram a abrangência de suas reflexões morais. Ainda que isso possa ser aceito, não creio que o serviço comunitário aliado ao aprendizado transforme os alunos em pessoas melhores. Na verdade, proporciona-lhes uma oportunidade de se tornarem pessoas melhores — uma ocasião que é aproveitada por alguns e desprezada por outros.

Achamos um exemplo semelhante no ensino da ética médica na escola de medicina, onde também já lecionei. Não há nada de errado em tentar fazer com que estudantes de medicina reflitam, antecipadamente, nas questões éticas da vida de um profissional. Mas aqueles que promoveram essa idéia exageraram seu potencial para educar médicos sensíveis à ética. Na instituição onde eu lecionava, não tivemos sucesso no tocante à ética médica por parte de vários médicos que trabalhavam no hospital. Observou-se que os estudantes não estavam se tornando médicos mais éticos, mas, em vez disso, aprendendo uma nova e sofisticada terminologia para justificar o tipo de medicina que, de qualquer maneira, iriam praticar.

A educação não é o único fator a ser interpretado, de forma tão otimista, como uma técnica social para produzir virtude. Esse tipo de propaganda exagerada pode ser visto em muitos setores da vida pública. Aqueles que se opõem à expansão dos subúrbios alertam para o impacto do planejamento urbano tradicional na harmonia do corpo físico dos cidadãos e no modo como essa expansão produz deformações. Eles apregoam, por exemplo, que todos os novos empreendimentos deveriam incluir uma loja de esquina onde as pessoas pudessem comprar itens do dia-a-dia sem terem de pegar o carro. Mais uma vez, limitar tal expansão é uma excelente idéia, mas é incompatível com alguns dos argumentos mais apaixonados utilizados em sua defesa. Em seu ensaio de 1999, intitulado "Where evil dwells" ["Onde o mal habita"], James Kunstler fala dos efeitos que o *sonho americano* dos subúrbios produz em nossas almas. Ele prossegue citando a chacina na escola Columbine: "A violência juvenil é uma reação lógica ao profundo sentimento de desmotivação produzido pelo sonho americano".

Essas idéias sobre educação e planejamento urbano são mais bem contempladas quando consideradas sob uma ótica menos pretensiosa, como a remoção de alguns empecilhos à integridade, causados por um currículo por demais abstrato, ou pelo uso excessivo do automóvel. Immanuel Kant, no século XVIII, tinha uma frase que expressava isso de forma primorosa. Dizia que deveríamos objetivar "um obstáculo aos estorvos da liberdade". Trata-se de idéia bem mais modesta; não que produzamos a virtude, mas que removamos impedimentos a ela, de modo que ofereçamos uma oportunidade para as pessoas a desenvolverem, se assim o quiserem. As políticas públicas podem exercer certa influência ao tornar rotineiros alguns tipos de comportamento. Mas no aspecto moral, como Kant também insiste, sua relevância vai além do comportamento. Tem a ver com motivação, com o porquê de fazermos o que fazemos, e, mais especificamente, se atribuímos maior prioridade à nossa própria felicidade ou a fazer o que é correto. Aliar o ensino ao serviço comunitário ou construir lojas de esquina pode mesmo melhorar o comportamento. Mas a produção de um coração moralmente bom está além do objetivo propriamente dito de um plano de ação público. Sabemos remover alguns obstáculos, mas não sabemos fazer com que as pessoas aproveitem de fato as oportunidades de aprimoramento moral que oferecemos. Conforme o ditado, podemos levar o cavalo até a água, mas não podemos fazê-lo beber. A arrogância em negar essa limitação está por trás de grande parte do sofrimento no século XX.

INFLANDO A CAPACIDADE

Em 1863, John Stuart Mill escreveu em *Utilitarianism* [*Utilitarismo*] sobre uma "situação de melhora da mente humana", cujo objetivo era um mundo no qual "a educação e o juízo, que têm um poder tão imenso sobre o caráter humano, usariam esse poder para criar, na mente de cada indivíduo, uma associação indissolúvel entre a própria felicidade e o bem do todo". Mill supõe que podemos formar pessoas melhores por meio do ensino e da formação de opinião. Alguns seguidores de Mill têm sugerido que, se ao menos pudéssemos ver de forma vívida as conseqüências de nossos atos nas outras pessoas, tenderíamos a promover o bem do todo. Um desses filósofos é Shelly Kagan, em seu livro *The limits of morality* [*Os limites da moralidade*]. Ele destaca o fato de que, quando se trata de nosso próprio interesse, podemos ser convencidos a visitar o dentista, embora detestemos dentistas pela descrição repugnante de um abscesso e da dor que nos causará. Da mesma forma, a clara consciência do sofrimento de outra pessoa pode nos persuadir a agir de modo que promovamos seu bem-estar. Por isso, organizações assistenciais possuem programas de patrocínio que estabelecem contatos entre doadores e crianças carentes específicas, mandando-lhes fotos dessas crianças; a vivacidade da informação torna mais fácil a doação financeira.

No entanto, isso não funciona sempre dessa maneira. Mais informações só nos deixam mais prontos a ajudar se já tivermos, em primeiro lugar, a disposição de ajudar. Se cultivo ódio por alguém, ou se o fato de esse alguém viver ou morrer não faz diferença para mim, contar-me de maneira clara tudo a respeito de suas necessidades não me fará querer ajudá-lo. Ver o mundo pelos olhos de outra pessoa pode fazer-me agir com mais compaixão em relação a essa pessoa, mas somente se for importante para mim a maneira por meio da qual o mundo se apresenta para ela. Creio que é esse o motivo por que não damos maior atenção quando lemos as estatísticas sobre crianças famintas na África. Já estamos plenamente conscientes da necessidade ali existente. Temos uma preocupação residual por aquelas crianças, mas, comumente, isso não é suficiente para nos levar a fazer algo a respeito. A batalha por nosso estilo de vida já está perdida, pois importamo-nos mais com nosso respectivo conforto e conveniência.

Dois amigos de Rosa foram casados por vários anos. Ela os observava com o coração apertado, à medida que o relacionamento deles descambava para a desconfiança, e daí para o ódio. Cada um sabia, com exatidão, como magoar o outro. Na verdade, fizeram disso uma forma de arte, que passou a ser o centro de grande parte de seus interesses na vida diária. Não se comportam assim por ignorarem a dor que causam; na verdade, quanto mais percebem que a tortura funciona, mais felizes ficam. De forma perversa, é o ódio que sentem um pelo outro que os mantém unidos.

Inflar a capacidade é simular que podemos produzir virtude, em nós mesmos e nos outros, por meio de alguma técnica disponível. Para Dewey, essa técnica era um processo de três estágios de investigação reflexiva, que ele pensava pudesse ser ensinado nas escolas. O último estágio seria aquele no qual “colocamo-nos no lugar da outra pessoa, a fim de vermos [essas conseqüências] a partir da perspectiva dos objetivos e valores [da outra pessoa]”.

Passamos a ver o mundo do ponto de vista da outra pessoa. Estou certo de que é uma coisa boa para encorajarmos e, se formos bem-sucedidos, teremos removido um tipo de cegueira que se traduz em empecilho para a virtude. Mas algo mais é necessário para uma perspectiva moral. Não basta apenas vermos por meio dos olhos da outra pessoa; temos de nos preocupar em tornar o mundo melhor para essa pessoa, tomando para nós seus propósitos e necessidades, até onde as regras morais permitirem. A questão é se temos a capacidade de produzir em nós e nos outros *esse* tipo de empatia, uma cumplicidade de propósitos e vontade. O casal anômalo pode ver muito bem pelos olhos um do outro, e, com base nisso, cada um deseja produzir a maior quantidade de mágoa possível. Todavia, o ódio não é o mais comum, mas a indiferença ou um rápido interesse naqueles que estão distantes e um tipo de preocupação consigo mesmo ao lidar com as pessoas que estão próximas.

Outro exemplo de capacidade inflada é a sugestão de que os homens são ponderados por natureza, sendo que o próprio ato de pensar tende a levar-nos a uma estrutura mental ética. Alguns escritores insinuam que, se adicionarmos tão-somente o poder da razão e da linguagem às capacidades dos animais (não humanos), bastará isso para explicar como os humanos podem ser moralmente bons. Nesse ponto, muito depende do que se quer dizer com "razão" e "reflexão". Algumas concepções desses termos já trazem moralidade em seu bojo, de modo que, por definição, é "irracional" desrespeitar o dever de alguém. Ou, por vezes, o termo "razão" é utilizado para significar a capacidade comprometida com todos os valores fundamentais. Essas concepções tornam verdade, por definição, que, se somos racionais, somos moralmente bons. Mas, infelizmente, nem nascemos racionais nesse sentido nem nos tornamos assim por algum tipo de desenvolvimento comum, segundo as estatísticas. E se compreendermos razão e reflexão de modo moralmente neutro, ainda será possível sermos racionais ou contemplativos e, ainda assim, pessoas moralmente más. As falhas no Terceiro Reich não ocorreram no campo da razão, quando o compreendemos de forma neutra. Ver as impecáveis listas das vítimas do Holocausto sugere mais uma hipertrofia ou exagero que uma falha da razão.

O primeiro tratamento sistemático, na filosofia ocidental, da questão da possibilidade de ensinar a virtude é *Meno*, de Platão[2], que registra um diálogo entre Meno e Sócrates.[3] Para Platão, a virtude é um tipo de conhecimento, a saber, o conhecimento da Forma de Deus, e o vício é uma forma de ignorância. Sócrates questiona, no diálogo, se as famílias que transmitem virtude são proveitosas, ou se os métodos de ensino são benéficos. Destaca que, às vezes, uma boa família e um bom ensino resultam em jovens virtuosos e, às vezes, não. Termina sugerindo que a virtude é um dom divino. Creio que Platão estava errado em considerar o vício como, primordialmente, um tipo de ignorância intelectual; mas creio que estava correto, primeiro, em pensar que não sabemos produzir virtude e, segundo, em depositar suas esperanças no auxílio divino. Mill e seus seguidores tomaram o que é falso na proposta de Platão e usaram-no para negar o que

[2]Filósofo grego (427 a.C.–347 a.C.), considerava o mundo inteligível (da verdade) distinto do mundo sensível (das aparências). Segundo ele, a vida verdadeira corresponde ao que a opinião comum acredita ser a morte, ou seja, o estado no qual a alma renasce cada vez que se separa da "prisão" do corpo. Escreveu *O banquete*, *Fédon*, *Fedro*, *A república*, entre outros. (N. do E.)

[3]Filósofo grego (470/469 a. C.–399 a.C.), opôs-se aos sofistas, afirmando que o conhecimento é possível e que seu objeto primordial é a própria alma. Sócrates teria se inspirado no adágio do oráculo de Delfos: "Conhece-te a ti mesmo". (N. do E.)

é verdadeiro nessa mesma proposta. Partiram da idéia de que o vício é um tipo de ignorância e chegaram à conclusão de que, por conseguinte, sabemos solucioná-lo. A doutrina cristã do pecado original impede qualquer otimismo ao estilo de Dewey (sob a visão de Dewey?) em relação a capacidades humanas desassistidas. Mas não é preciso crer nessa doutrina para se chegar a essa conclusão. O registro de nossas falhas reais deveria ser suficiente.

ADEQUANDO A EXIGÊNCIA À PESSOA

A segunda estratégia principal para solucionar a questão da lacuna moral sem Deus é manter a avaliação de nossas capacidades naturais onde a representação tradicional da lacuna moral a coloca, para, assim, reduzir a exigência moral até que esta se ajuste a tais capacidades. No entanto, essa estratégia fracassa por reduzir a exigência de forma inaceitável. A exigência moral pode, em certos casos, ser apropriadamente reduzida. Até certo ponto, podemos ter diferentes níveis de exigência para pessoas diferentes, sem fugir à razão. Jesus diz: "A quem muito foi dado, muito será exigido" (Lc 12.48). Algumas pessoas possuem grandes talentos, herdaram vultosos recursos financeiros e vêm de uma formação familiar compreensiva. Podemos, com justiça, esperar mais dessas pessoas. Podemos, também, esperar uma execução musical inferior de um estudante terceiranista com um violoncelo Keye, em comparação com um altamente treinado e experiente violoncelista profissional tocando um *Stradivarius*. Um desempenho considerado lamentável para um profissional seria excelente para um estudante. Isso também é verdadeiro quando nos referimos às virtudes e aos vícios das pessoas. Contudo, a exigência moral, na diretriz organizativa descrita no capítulo 1, é a mesma para todos.

O pai de Rosa criou-se em meio à Grande Depressão[4], quando sua família perdeu toda a riqueza e foi levada à miséria. Tal foi a pressão que os pais dele enfrentaram que ambos morreram quando ele ainda era jovem, o que fez com que fosse criado pelos avós. Toda essa experiência causou-lhe um medo quase patológico de não ter recursos financeiros suficientes. Tornou-se extremamente difícil para ele ser generoso com seu dinheiro, apesar de ter sucesso razoável nos negócios e dispor de mais que o suficiente para sobreviver. Rosa concluiu que não deveria exigir muito dele por causa desses traumas de infância. Mas esse critério reduzido refere-se ao que ele efetivamente dá, por exemplo, aos filhos de Rosa, no Natal. Ela ainda exige dele o mesmo nível de reflexão e empenho que exige de si; no entanto, reconhece que a mesma reflexão e empenho que nela produziriam um grande presente, nele produzem um pequeno presente. Ela reduziu sua exigência externa, mas se mantém firme em seu critério interno.

Também pode ocorrer a especialização do caráter. Pessoas diferentes são melhores na prática de diferentes boas ações. O marido de Rosa, Tom, é bom em concentrar-se em suas tarefas acadêmicas, ainda que cercado de distrações. Mas é muito ruim em tomar conta das crianças, quando tenta realizar seu trabalho ao mesmo tempo. Pode ignorar pancadas e gritos no andar de cima sem nenhum problema. São os dois lados de uma mesma moeda. Houve ocasiões em que ele reconheceu que não tinha sido um bom pai, exatamente por causa de sua capacidade de

[4]Nome que designa a grande crise econômica gerada pela especulação na Bolsa de Nova York, com sua conseqüente quebra, em 1929. Tal crise criou problemas econômicos e sociais em quase todo o Ocidente, cujos efeitos duraram até 1937. (N. do E.)

concentração. Rosa e ele precisam achar uma distribuição justa das atribuições nos cuidados com os filhos, e não fingirem que ele pode executar ao mesmo tempo as duas tarefas. Ocorre aqui um tipo de redução da exigência ao encarar-se de forma realista o que ele faz bem e o que faz sem competência. No entanto, isso não significa que ele esteja se esquivando da diretriz organizativa descrita no capítulo 1. Tom não pode argumentar, por exemplo, que possui uma inclinação para dar maior importância aos próprios interesses, em vez de considerar imparcialmente os interesses de todos; portanto, não deve aplicar a si um critério de imparcialidade. Ainda precisa tratar a si mesmo, a Rosa e a seus filhos com equanimidade. A verdade é que a diretriz organizativa, ao ser aplicada a pessoas com diferentes perfis de virtude, vai produzir resultados distintos.

REDUZINDO AS EXIGÊNCIAS

Diversos filósofos morais, todavia, tentaram reduzir a exigência moral em cada uma das três partes da diretriz organizativa.

A primeira parte da diretriz trata de julgar a situação e a reação de alguém a partir de uma posição que pode avaliar o bem-estar do todo e, acima de tudo, cuidar deste. Alguns (mas somente alguns) tipos de filosofia com ênfase feminista e comunitária negaram isso. Ao contrário, ressaltaram a centralização do cuidado, o qual podemos ter apenas com pessoas que conhecemos e com quem passamos bastante tempo. Assim, Nel Noddings escreve em seu livro *Caring* [*Cuidado*]: "Não sou obrigada a cuidar de crianças famintas na África, por não haver como consumar esse cuidado, a menos que abandone o cuidado ao qual estou obrigada". A partir disso, podemos firmar uma resposta aos órfãos com AIDS na Zâmbia: "Não dispomos de tempo e de recursos que nos possibilitem cuidar de vocês (nem ao menos sabemos seus nomes), de maneira que continuaremos a nos dedicar às pessoas que conhecemos (nossa família, amigos e comunidade)".

Por vezes, esses filósofos têm defendido sua posição afirmando que nossa comunidade nos torna aquilo que somos e que não podemos nos desligar dessa comunidade sem perdermos nossa identidade. Se isso fosse verdade, seria um contra-senso exigir que a pessoa tentasse assumir uma perspectiva à parte de sua comunidade, pois isso exigiria que se tornasse outra pessoa. Voltaremos a esse raciocínio no capítulo 9. Isso não funciona porque a comunidade a que pertence o "nós" já contém essa exigência ideal por uma preocupação global e, ao mesmo tempo, detalhada, em relação a cada pessoa. Se concordássemos, embora particularmente eu não concorde, que a comunidade controla a forma de nossa identidade, esse ideal já faria parte da identidade com a qual somos formados.

Reconheço que é extremamente difícil conciliar nossas obrigações para com aqueles que conhecemos e nossas obrigações para com estranhos necessitados. Era essa a dificuldade com que Rosa se debatia no perfil moral apresentado no primeiro capítulo. Para auxiliar-nos nessa luta, proponho o chamado "princípio da proximidade providencial". Um fator que torna a exigência moral praticamente insuportável é que ela parece colocar unicamente sobre nossos pobres ombros as necessidades intermináveis e anônimas do resto do mundo. Mas, se podemos crer na providência, podemos crer também que fomos colocados em uma comunidade que nos põe próximos das pessoas a que devemos ajudar. O bom samaritano na parábola foi posto próximo à pessoa atacada por assaltantes e abandonada à beira da estrada.

A palavra grega traduzida como "próximo", nessa passagem, significa, literalmente, "perto de". A parábola apresenta a resposta de Jesus à pergunta: "Quem é o próximo a quem a lei exige que tu 'ames como a ti mesmo'?". Se pertenço a uma comunidade que se esforça para suprir as necessidades dos outros, e se, por exemplo, essa comunidade envia especialistas (que eu conheço) em desenvolvimento a alguma aldeia na Zâmbia, então aquele vilarejo torna-se extensão de meu vilarejo. Dois vilarejos contíguos podem ter as mesmas necessidades, mas um deles torna-se "meu" vilarejo, e o outro, não. Conheço os especialistas em desenvolvimento, ou conheço pessoas que os conhecem, e os amigos que eles fazem tornam-se "amigos de meus amigos". As necessidades do mundo ficaram dessa maneira menos anônimas, porque agora sou responsável por aquele vilarejo em particular, e não por outro.

Como podemos saber ao lado de quem somos colocados? Basta vermos no jornal ou no noticiário televisivo, à noite, o retrato de uma criança faminta? Não tenho uma resposta completa. Para o bom samaritano, tratava-se de uma proximidade física. Para nós, a comunidade a que pertencemos (se pertencermos a esse tipo de comunidade) pode ser um auxílio significativo; ela pode formar decisões com base em ir a esse vilarejo, e não a outro. Mas, para que nossa comunidade cumpra esse papel, ela deverá ser do tipo certo. Ao mesmo tempo, deverá estar suficientemente próxima dos laços primordiais que nos vinculam e bastante atenta para associar seus membros às obrigações globais. Estou ciente de que esse tipo de comunidade não é algo comum e que, para muitas pessoas, ela parecerá inteiramente utópica.

A segunda parte da diretriz organizativa é a exigência de cuidar mais do bem-estar das pessoas que de qualquer outra coisa no mundo e trazer todas elas, imparcialmente, para o âmbito da preocupação moral. Dos vários tipos de filosofias morais, existem as que negam o fato de termos de reconhecer que todas as pessoas possuem o mesmo valor nesse aspecto. Larry Arnhart, em seu livro *Darwinian natural right* [*Direito natural darwiniano*], defende que sua ética evolucionária tem origem nos mais recentes desenvolvimentos na biologia e na psicologia evolutiva. Ele ambiciona "compreender a natureza humana dentro da ordem natural do todo". Propõe que podemos fazer estas duas identificações: o bom é desejável, e o desejável é geralmente desejado por seres humanos. Ele identifica "geralmente desejado" com o que os homens têm desejado ao longo de sua história evolucionária. Isso dá uma importância especial ao fato de o Plistoceno[5] ter sido um longo período, em que a evolução supostamente realizou a maioria de seus efeitos sobre nós. Nossos desejos, dados pela evolução, são aqueles que promovem nossa sobrevivência e reprodução. Arnhart diz que, quando olhamos para a história humana dessa forma, descobrimos "que ao longo da maior parte da história humana os instintos sociais em uma tribo jamais se estenderam além da tribo". Ele, então, restringe o âmbito correto do mandamento "amar ao seu próximo como a si mesmo" ao parentesco de alguém e àqueles do próprio grupo e rejeita o "humanitarismo universal" encontrado na Regra de Ouro e na parábola do bom samaritano. Ele está convencido de que tem um argumento científico da biologia evolucionária para limitar nossos cuidados às pessoas com quem temos relacionamentos

[5]Diz-se da ou a primeira época do período quaternário; também chamado de pleistoceno. (N. do E.)

especiais. Não me oponho aqui à teoria da evolução, mas a seu uso no campo ético.

Arnhart admite que encontraremos um "desejo humano universal" pela reciprocidade, mas que se trata apenas de olho por olho, dente por dente; ajudar os que nos ajudam e ferir os que nos ferem. Se resolvermos que podemos tiranizar algum grupo no futuro próximo, não haverá nenhum "desejo humano universal" dado pela evolução que venha a nos impedir. O único estímulo que temos, ou deveríamos moralmente ter, de acordo com essa visão, é nosso próprio interesse e o interesse de nosso grupo. A opressão pode ser *trágica* para nossas vítimas, mas a teoria de Arnhart não faculta a ele a defesa de um critério normativo por meio do qual possamos dizer que tal opressão é *errada*.

Essa visão, sem dúvida, reduz a exigência ética. Essa redução é válida? Creio que não, mas é difícil achar argumento que não seja falacioso. É um argumento circular a alegação de que a redução deve estar errada porque a exigência ética é, na verdade, superior e exige uma preocupação proporcional pelo bem-estar de todos os humanos como tais. Creio que sentimos o poder dessa exigência mais elevada, mas ainda temos de decidir se nos submeteremos a ela. E, se o fizermos, deveremos alguma explicação sobre a autoridade dessa exigência; por que deveríamos sentir que tal obrigação diz respeito a nós? Esse é o tópico da segunda parte deste livro (do capítulo 5 ao 10).

Há outro uso da teoria evolucionária que produz o mesmo efeito procurado por Arnhart, embora procure alterar o *status* da exigência moral mais elevada, em vez de negar que estamos obrigados a ela. Alguns pensadores (como Michael Ruse, em *Can a darwinian be a christian?* [*É possível um darwiniano ser cristão?*])

deduzem que a seleção natural deu-nos genes para as "sensações morais" como ressentimento e culpa, que nos possibilitam trabalhar uns com os outros e produzir as coisas boas que são possíveis somente por meio da cooperação. Ruse diz que a seleção natural nos dá esses genes visando à sobrevivência e à vantagem reprodutiva, do mesmo modo que dá ao leopardo sua velocidade. Isso significa que a necessidade objetiva que pensamos ver na moralidade não passa de ilusão produzida pelos genes; é proveitoso pensar que estamos sob uma autoridade moral, porque isso nos torna mais propensos a fazer as coisas que nos fazem sobreviver e procriar com êxito. Essa ilusão se assemelha a uma miragem: fico realmente convencido de que vejo o lago no deserto, mas, na verdade, ele não está lá. Por isso, digo que Ruse altera o *status* da exigência. Sua proposta gera falta de coerência entre a verdadeira fonte da moralidade (que é o interesse próprio) e aquilo que sentimos quando inseridos nesse contexto (uma necessidade objetiva de reconhecer na outra pessoa o mesmo valor que vê em si). Mas uma teoria normativa deveria ser capaz de divulgar o que afirma como fonte ou origem da exigência moral, sem com isso menosprezar a exigência.

Para ilustrar o que acabo de afirmar, suponha que pensássemos que os deuses (como faziam alguns filósofos da Antigüidade) nos observam de seu mundo, divertindo-se com nossos infortúnios, assim como vemos novelas na televisão. Imagine ainda que esses deuses nos tenham estabelecido neste mundo exatamente com esse tipo de diversão em mente. Haveria, então, incongruência entre o que pensamos ser o objetivo de nossas vidas morais, visto que nos encontramos inseridos no contexto, e o verdadeiro objetivo para o qual fomos gerados. Se descobríssemos que essa era a realidade, nos juntaríamos a

Macbeth, de Shakespeare[6], e diríamos que nossa vida é "um pobre cômico que se empavona e se agita por uma hora no palco", ou "uma história contada por idiotas, cheia de fúria e muita barulheira, que nada significa". Qual seria o impacto disso sobre nossa vida? Seríamos como Sísifo, na mitologia grega, que fora condenado pelos deuses a rolar eternamente uma pedra montanha acima, somente para vê-la rolar montanha abaixo. Brandiríamos nossos punhos aos deuses e, se pudéssemos interromper toda a atividade moral, a interromperíamos. Ou suponha também que descobríssemos que a moralidade foi (como pensavam outros filósofos antigos) programada em nós pela elite política, a fim de manter-nos subservientes. O retrato evolutivo de Ruse nos coloca nesse tipo de situação. Há um propósito para nossas vidas morais nessa representação, mas não aquele que pensamos ser, estando circunscrito a esse contexto. O bom samaritano decide que deve ajudar o viajante à beira da estrada, que tinha sido ferido e abandonado à morte. Pensa no que o faz agir como sendo o valor objetivo de outra pessoa, com a qual não possui nenhum relacionamento comunitário ou de parentesco; na verdade, um inimigo de seu próprio povo. Mas, de acordo com o retrato evolutivo, o que realmente o compele a agir, por meio de um mecanismo bioquímico, é a sobrevivência e reprodução de seus próprios genes. Se passarmos a crer nisso, acabaremos nos empenhando em parar de nos esforçar tanto para sermos pessoas moralmente boas.

[6]William Shakespeare, dramaturgo e poeta inglês (1564–1616). É considerado o maior dramaturgo da história do teatro. Entre as tragédias mais importantes, estão *Romeu e Julieta*, *Macbeth*, *Hamlet*, *Rei Lear* e *Otelo*. *O Mercador de Veneza*, *A Megera Domada* e *Sonhos de uma Noite de Verão* são algumas de suas comédias mais encenadas. Sua obra marca, então, o teatro elizabetano e influencia toda a produção teatral posterior. (N. do E.)

Há alguma evidência disso na literatura da psicologia. Quando as pessoas acreditam que o egoísmo é válido, sentem-se menos incentivadas a ser úteis aos outros. Assim, um estudo do tipo "antes e depois" foi realizado em estudantes matriculados em dois cursos de economia básica e em um curso de astronomia básica. Ao início e ao término de cada curso, perguntava-se aos estudantes o que fariam se encontrassem um envelope a eles endereçado, contendo cem dólares. No início do semestre, os estudantes de ambos os cursos apresentaram as mesmas estatísticas. Mas, ao fim do curso, os alunos de economia mostravam-se mais propensos a guardar o dinheiro. A diferença provavelmente ocorreu em função da teoria predominante na economia de que a motivação é basicamente egoísta. Imagino que o mesmo aconteceria após um semestre no curso de filosofia do professor Ruse.

A terceira parte da diretriz organizativa é a preocupação com o caráter único de cada pessoa, tendo o mesmo respeito tanto pelo que desconhecemos como por aquilo que sabemos de alguém. Existem muitos contextos em que esse tipo de respeito é quase impossível. Estudei, por cerca de dois anos, o corpo de parlamentares do Congresso, em Washington. Como regra, não é possível para os políticos, quando estão lidando com política e apresentando propostas legislativas, pensar no caráter singular das pessoas cujas vidas serão afetadas pelas leis que aprovam. Quando eu trabalhava em um hospital, podia notar as diferenças, por exemplo, entre cirurgiões e oncologistas, no modo como levavam em consideração a vida de cada paciente (ao contrário de simplesmente examinar). Os oncologistas tinham de conhecer bem o paciente a fim de, com ele, determinar que tratamento valeria a pena fazer. Mas esses limites não eram absolutamente definidos. Os cirurgiões deveriam agir de forma mais empática ao lidar com pessoas que eles iriam operar. Sem dúvida, quando lidamos com aqueles que conhecemos realmente bem, é mais fácil respeitar suas idiossincrasias. No entanto, essa terceira parte da diretriz organizativa exige que, toda vez que lidarmos com outras pessoas, tentemos respeitar suas singularidades da melhor maneira que pudermos.

Algumas teorias éticas enfatizam de modo desproporcional nossas semelhanças em detrimento de nossas diferenças. Elas reduzem a exigência moral ao que sabemos ser semelhante entre um ser humano e outro. A idéia dessas teorias é que podemos listar as coisas boas que os seres humanos são inclinados a desejar. Arnhart apresenta uma lista com vinte itens, incluindo descendência, prestígio e riqueza. Outro exemplo dessa teoria é a tese da "lista objetiva" de James Griffin em seu livro *Well-being* [*Bem-estar*]. Sua lista de valores nos dá um "perfil comum" para todos os seres humanos, e devemos depurar tanto os nossos propósitos como os das outras pessoas, sobre o que fazer e sobre como viver, verificando se estão coerentes com essa lista. Presume-se que ela seja completa, uma vez que enumera todos os valores principais que um ser humano normal deveria considerar na formação de uma boa vida. Uma objeção a isso é que, todas as vezes que filósofos apresentam listas dessa natureza, eles sempre parecem deixar de lado coisas que deveriam estar lá. Por exemplo: Griffin deixa fora de sua lista todos os valores religiosos (como relacionamento com Deus) e comunitários (como cidadania).

Entretanto, por ora, a mais importante objeção é outra. Ainda que esses pensadores tenham acertado na formação de um perfil comum, não respeitam adequadamente a singularidade das pessoas. Venho afirmando que cada um de nós possui algo como uma essência individual, a qual é tanto ou mais valiosa que nossa natureza humana comum. Essa essência nos dá valores e posições exclusivas, e nosso objetivo é aprofundarmo-nos até conhecermos completamente tal essência, apesar de a conhecermos neste momento de forma extremamente imperfeita. Ainda aspiramos às mesmas coisas que todos os seres humanos desejam, e tais metas estabelecem limites morais na maneira de tratarmos uns aos outros. Mas não deveríamos imaginar que elas nos dão a *principal* classificação de valores para nós mesmos e todas as pessoas normais. Limitar a exigência moral ao que todos os humanos partilham acaba por reduzir essa exigência a um denominador comum, mas não ao que é mais importante para cada pessoa.

ALÉM DE NOSSO CONTROLE

A terceira estratégia que mencionei para a solução da lacuna moral sem Deus seria manter a exigência moral e nossas capacidades onde a estrutura tradicional da lacuna moral diz que elas estão e, assim, tentar achar um substituto para o auxílio divino na solução da lacuna. Mais uma vez, existem muitos candidatos atuais para esse tipo de substituição. A próxima seção trará rapidamente alguns poucos exemplos. Todos encontram esperança para nossa salvação *dentro* do mundo e, em certo sentido, exageram nossas capacidades, tal qual a primeira estratégia. A diferença é que, na terceira estratégia, as forças que produzem nossa melhora operam além de nosso controle individual e racional.

Segundo essa visão, as forças que operam em nós serão maiores que nós, ao sermos considerados individualmente, e terão o poder de nos transformar de uma maneira que não podemos prever ou controlar. Mas não serão forças independentes ou que transcendem o universo, porque, então, essas já seriam praticamente Deus. Já não disporíamos de estratégia para solucionar a lacuna moral sem Deus.

ENCONTRANDO UM SUBSTITUTO

Podemos achar no pensamento social vários exemplos da estratégia de encontrar um substituto para o auxílio divino. Um exemplo é a visão marxista de que, se a classe trabalhadora tomar posse dos meios de produção, as forças econômicas produzirão uma radical mudança positiva nas inter-relações humanas, a ponto de o Estado encolher e desaparecer, por não ser mais necessário. No lado oposto do espectro político, há a idéia de que uma "mão invisível" do capitalismo transformará as decisões egoístas de todos nós no bem-estar geral, mas somente se a mágica do mercado for deixada em paz, sem nenhum controle externo. Adversários de ambas as idéias apontam para o desempenho histórico desses princípios — o comunismo e o capitalismo liberal — e para as mazelas que o povo sofreu sob ambos os regimes. Isso não é totalmente correto, pois supõe que esses princípios teriam sido realmente praticados de forma plena. Os defensores de ambos os princípios, justificadamente, negariam isso e frisariam os compromissos assumidos desde o início. Porém, a história incita-nos a duvidar de que essas tentativas de conduzir-nos a um mundo melhor realmente funcionem. A prática política sábia é mais modesta em suas expectativas.

Novamente na ética evolutiva, existe uma proposta que faz o papel de um substituto. Alguns pensadores querem fazer da própria evolução um substituto para Deus. Talvez essa seja uma forma tendenciosa de descrever o que querem, uma vez que as pessoas que tenho em mente são teólogos; pensam que dão uma explicação da obra de Deus, e não que propõem um substituto para ele. Philip Hefner, em *The human factor: evolution, culture, and religion* [*O fator humano: evolução, cultura e religião*], identifica Deus como o modo como as coisas realmente são, e, uma vez que o modo como as coisas efetivamente são evolui, ele conclui que há evolução em Deus. A transcendência de Deus, sob essa visão, seria vista como onipresença. Em outras palavras, Deus transcende toda e qualquer parte específica do universo e qualquer momento específico no universo; mas Deus não transcende o universo em si mesmo, em todo o seu aspecto espacial e temporal. Nesse universo há um direcionamento do surgimento, que os românticos no século XIX chamavam de força da vida. Isso torna primeiramente possível o surgimento da vida em si, então de formas superiores de vida e, finalmente, da cultura e da liberdade. Hefner apóia a visão tradicional da exigência moral e de nossas capacidades naturais. A moral exige um amor que abre mão de seus interesses, mas nossa tendência biológica é a de preferirmos a nós mesmos (que ele diz ser nosso pecado original). Ele, porém, considera que essa lacuna é solucionada pelo surgimento de uma consciência autoconstituída.

O problema teológico com essa visão reside em não levar suficientemente a sério a diferença entre Criador e criatura. Hefner não concordaria, mas reconhece que propõe uma revisão radical da teologia tradicional. Uma forma de explicitar essa diferença é que a teologia tradicional distingue claramente seres dependentes de seres independentes. O universo é dependente; Deus é independente. Deus pode existir sem o universo, mas o universo não pode existir sem Deus. Na teologia tradicional, os recursos para nossa salvação não se situam em nossa liberdade e cultura, nem certamente em alguma força interna de evolução, mesmo se esta for chamada de "a evolução de Deus"; mas estão, sim, na bondade de Deus, que cria e sustenta o universo, estando muito além dele. A teologia tradicional também não nega que Deus habita no mundo. No entanto, insiste em que isso não encerra toda a história em relação à existência de Deus.

Este capítulo examinou vários exemplos modernos das três estratégias para lidar com a lacuna moral, sem apelar ao auxílio divino. Defendi que nenhuma delas é satisfatória. Isso não prova que precisamos do auxílio de Deus; talvez haja outra forma de lidar com o problema ainda não mencionada. No entanto, se as alternativas aqui descritas falham, e não podemos achar outra opção, deveríamos voltar à descrição tradicional, que recorre ao auxílio de Deus, e verificar se ela não tem um melhor desempenho. O capítulo seguinte examinará a descrição tradicionalmente fornecida pelo cristianismo.

3

O AUXÍLIO DE DEUS

O CAPÍTULO ANTERIOR EXAMINOU três estratégias para lidarmos com o problema da lacuna moral sem recorrermos ao auxílio de Deus. Afirmei que as três fracassam. Agora, veremos se o cristianismo tem melhor desempenho. Examinaremos três doutrinas sobre nosso fracasso em vivermos da forma que Deus nos chama a viver e o auxílio dele na superação desse fracasso. Uma parte importante desse chamado, ainda que não em sua totalidade, corresponde a vivermos de maneira moralmente virtuosa. Deus também nos chama para uma vida plena de prazer estético e de bom senso de humor. Todos os valores que nos aproximam de Deus integram esse chamado. Mas a vida que levamos na prática separa-nos de Deus, assim como as ofensas entre dois seres humanos corrompem o relacionamento existente. O problema pode ser dividido em três partes, pois existem três posições diferentes em nossas histórias de vida. Ele afeta nosso passado, presente e futuro. Se formos honestos, teremos de admitir que, no passado, levamos uma vida incompatível com o chamado de Deus para conosco. No presente, continuamos da mesma forma, até onde podemos dizer. Aparentemente, esse será nosso futuro, à medida que não podemos fazer nada sobre isso.

O cristianismo contém as doutrinas da expiação, da justificação e da santificação, que abordam essas três diferentes posições temporais do problema, ao propor que Deus intervém para ajudar-nos. Na dimensão passada, já não precisamos suportar o fardo de culpas imperdoáveis por aquilo que fizemos. Na dimensão presente, tornamo-nos novas criaturas "em Cristo", apesar de ainda não podermos detectar essa diferença por um auto-exame. A dimensão futura é aquela na qual seremos transformados de maneira que poderemos experimentar e, pouco a pouco, perceber que nos tornamos o tipo de pessoa que Deus quer de nós. A história da teologia cristã é repleta de tentativas que foram feitas para se explicar essas doutrinas. Sendo filósofo e não teólogo, não tentarei contar essa história. Este capítulo examinará, em duas seções, cada uma dessas três doutrinas. Em primeiro lugar, verificaremos a doutrina segundo alguns conceitos gerais que são úteis em sua compreensão, e levantarei uma objeção filosófica a isso. Então, defenderei uma interpretação de cada doutrina contra a objeção levantada. Contudo, não estou afirmando que essa interpretação das doutrinas seja a única forma pela qual os cristãos podem ou deveriam interpretá-las. Tampouco sou ousado a ponto de dizer que compreendi totalmente essas doutrinas; grande parte do que as envolve continua um mistério.

EXPIAÇÃO

A expiação lida com o passado, com as coisas que fizemos e que nos separaram de Deus. Cristo, ao morrer na cruz, expiou os pecados cometidos por nós. Essa doutrina é o cerne da idéia da absolvição. A palavra inglesa *atonement* [*expiação*] (de acordo com o *Oxford English Dictionary*) vem de "at-one-ment",[1] significando que somos reconciliados e restaurados em união com Deus. Ele, por sua misericórdia, perdoa o que fizemos e, ainda assim, é justo. Pretendo defender uma descrição da expiação que interpreta a morte de Cristo como um castigo que ele sofreu, a fim de que não tivéssemos de sofrê-lo. Mas, primeiramente, preciso destacar o que é o perdão e o propósito da punição.

O perdão normalmente envolve duas pessoas: aquela que ofendeu e a que foi vítima ou alvo da ofensa. Precisamos ser perdoados sempre que ferimos ou magoamos alguém, independentemente do tamanho da injúria. O processo fica mais claro se considerarmos as agressões em um relacionamento, embora nem todo perdão ocorra assim. A mágoa é freqüentemente recíproca, e o perdão também deve ser recíproco. O que o perdão realiza, quando funciona, é a restauração do relacionamento de duas pessoas, que é restabelecido e levado à condição anterior à ofensa. De certo modo, o perdão desfaz o passado. Isso soa misterioso, como se pudéssemos impedir o que já ocorreu. Mas isso é impossível. Uma pessoa pode desejar não ter feito algo de nocivo, assim como sua vítima pode desejá-lo também. No entanto, nenhuma das duas pode voltar ao passado e remover da história o que ocorreu. O que a vítima pode fazer, quando perdoa o insulto, é deixar de levá-lo em conta e, assim, liberar a ambas — a que ofendeu e a que foi ofendida — do ônus que a situação pode ter gerado.

Rosa vai atrasar-se para o trabalho, e sua filha Lucy não consegue achar os sapatos. Rosa a repreende por ser descuidada e

[1] (at-one) = "em um", como "tornar-se um". (ment) = sufixo que converte o verbo em substantivo. (N. do T.)

imprudente, e Lucy começa a chorar. Rosa percebe que, por causa da pressa, zangara-se mais do que deveria. Ela diz: "Desculpe-me, nós os acharemos juntas", e ambas passam a procurar. Lucy lhe perdoa. Não é necessário dizer à sua mãe: "Eu lhe perdôo", nem qualquer outra coisa. São íntimas e sabem que o perdão aconteceu. Todavia, ao encontrar o sapato, Rosa certifica-se de que estão completamente reconciliadas. Pergunta: "Você está bem, agora?". Lucy assente, e ambas entram no carro para irem juntas à escola.

Há um padrão básico para o funcionamento desse processo. Quem ofendeu arrepende-se, desculpa-se e compensa os danos; então, a vítima exime de culpa o ofensor. É importante notar que perdoar não é o mesmo que ignorar ou tolerar. Algo errado foi feito, e o perdão precisa reconhecer o erro perpetrado. Aqui entra a justiça de Deus. Independentemente do que a expiação realiza, ela não significa que Deus, de algum modo, não se importa com o pecado. Isso não seria compatível com a retidão e a justiça de Deus, que são, invariavelmente, contrárias ao pecado. Perdoar também não é a mesma coisa que esquecer o pecado, como se Deus pudesse apagar o conhecimento divino do que fez o pecador. Em vez disso, Deus deixa de levar em conta o pecado *contra* o pecador. O pecador pode ainda lembrar-se do que fez, uma vez que seus atos deram forma à sua própria vida. Mas após Deus perdoar-lhe, já não precisa ver seu pecado como um obstáculo em seu relacionamento com Deus. Uma ilustração disso é a existência de um livro no céu onde são registrados todos os nossos pecados, com uma coluna para os pecados e outra para as punições. Quando Deus nos perdoa, os pecados continuam no livro, mas a coluna das punições é apagada.

A expiação exige a compensação do pecado. Por vezes, isso é feito por meio do castigo. Punimos um crime pelas mais variadas razões. Talvez façamos disso um elemento de repressão. Pessoas conscientes de que provavelmente sofrerão se forem pegas cometendo um crime são, antes de qualquer coisa, menos propensas a cometerem esse crime. Ou, quem sabe, prendamos as pessoas a fim de tirá-las das ruas. Ou talvez imaginemos poder melhorar as pessoas ao treiná-las em um ambiente saudável, de modo que fiquem menos propensas a cometerem seus crimes quando retornarem à sociedade. Todas essas hipóteses representam meios para a justificação inovadora para as punições.

Há um tipo de justificação que é conservadora. Ela diz que punimos os criminosos porque merecem ser punidos pelo que fizeram; e que a punição precisa ser proporcional ao crime cometido. É dessa forma que os criminosos, da melhor maneira que podem, reparam o que fizeram e "pagam sua dívida para com a sociedade". Creio que uma variante dessa abordagem está correta (apesar de as outras abordagens terem seus méritos, algumas mais que outras). "Olho por olho, dente por dente" não é em si algo de bom. Nesse sentido, podemos concordar que dois erros (ou dois males) não fazem um acerto (ou um bem). Mas a punição é importante porque expressa o valor da vítima. O valentão humilha sua vítima no pátio da escola. Ao zombar e agredir fisicamente, ele deixa claro que a vítima não vale quase nada. Mas o castigo ao valentão inverte isso. Expressa a verdade moral de que ambos são humanos e possuem o mesmo valor. Aumenta o prestígio da vítima ao reduzir o prestígio do perseguidor. Chamo isso de "a veemente teoria da punição".

A punição é uma forma de o ofensor fazer reparações, ainda que não tenha nenhum interesse ou intenção de fazê-lo. É possível que haja perdão sem que o ofensor faça reparações? Creio que sim, mas é discutível. Algumas vezes, o ofensor fez algo que não pode ser corretamente reparado por castigo algum. Por exemplo, se estuprou uma mulher, pode arrepender-se e dizer que sente muito, mas não há nada que possa fazer para compensar a sua agressão (mesmo que a sociedade o mate). Penso que ainda podemos perdoar, mesmo quando o ofensor nada fez para retirar a ofensa. No fim das contas, somos beneficiados ao nos livrarmos do peso do ódio que trazemos, embora seja uma questão pessoal e a outra pessoa normalmente ignore o momento exato do perdão. Além disso, o cristianismo ensina que *devemos* perdoar ou, ao menos, pedir a Deus que perdoe. Cristo na cruz, por exemplo, pede a seu Pai que perdoe àqueles que o crucificam, embora eles não tenham se arrependido. Por vezes, podemos deixar o perdão nas mãos de Deus, quando ainda não somos capazes de perdoar. Todavia, se a vítima perdoa quando não há "reparação", retratação, nem arrependimento algum, ela tem que carregar um fardo adicional. Na verdade, algumas vezes é como se a vítima tivesse de pagar duas vezes, pagando ela mesma a parte do ofensor. Ela tem de pagar, pela primeira vez, quando o insulto é cometido, e paga, pela segunda vez, quando percebe que não vai ser compensada, mas decide perdoar de qualquer jeito. No caso da expiação de Cristo, ele sofreu em nosso lugar o castigo por nossos pecados.

Em que medida a expiação de Cristo é semelhante ao perdão e ao castigo humanos? Uma objeção filosófica à expiação é que não é possível transmitir a culpa de uma pessoa a outra, como se fosse uma dívida financeira. Tratando-se de dinheiro, é possível que uma pessoa assuma o débito de outra. Mas faz algum sentido dizer que uma pessoa pode assumir a culpa de outra? Se compreendermos expiação como substituição, estamos dizendo que Cristo tornou-se culpado por nossos pecados? Se não, como

Deus pode punir Cristo com justiça, visto que é inocente? Uma idéia que pode ajudar-nos aqui é o conceito de uma fusão parcial de identidade entre duas pessoas.

FUSÕES PARCIAIS DE IDENTIDADE

A fusão parcial da identidade de duas pessoas é algo conhecido em nossa experiência de vida. Existem vários contextos na vida humana em que a culpa é transmitida de uma pessoa para a outra. O exemplo seguinte já foi mencionado no capítulo 1.

Quando Ned era um bebê, Rosa levou-o para visitar seu pastor, que pediu-lhe que o deixasse segurá-lo. O pastor segurou-o confiantemente contra o ombro, sustentando-o com uma mão e dando-lhe tapinhas nas costas com a outra. Ned imediatamente regurgitou na camisa do pastor. O que Rosa fez? Comportou-se como se ela mesma tivesse regurgitado. Sentiu-se terrivelmente culpada, desculpou-se, pegou seu filho de volta e ofereceu-se para pagar a lavagem da camisa. Por que isso? Porque ela e seu bebê, juntos, eram uma unidade. Até pouco tempo, ele estava dentro dela, e a mãe ainda alimentava-o de seu próprio corpo. Ia a todos os lugares com ele, quase como se ele fosse uma extensão de seu ser; e, quando as pessoas falavam sobre como ele era fofo, ficava orgulhosa por ele, por si mesma e (mais exatamente) por ambos, como se fossem um.

Temos nessa situação o maior grau de cumplicidade possível entre duas pessoas. John Donne[2], poeta do século XVII, expressou isso criando a palavra *interanima*, que significa pôr uma nova alma (*anima*) no espaço existente entre (inter) duas pessoas.

[2]Padre e poeta inglês (1572–1631). Educado na religião católica, participou, entretanto, da controvérsia anticatólica, tornando-se com 45 anos o mais estimado dos pregadores anglicanos. (N. do E.)

Pois quando o amor assim uma na outra
Interanimou duas almas,
A alma melhor que dessas duas brota
A magra solidão derrota.[3]

Esse tipo de cumplicidade pode ocorrer entre marido e mulher, de modo que um orgulha-se ou envergonha-se do que o outro faz. Tom, marido de Rosa, certa feita passou por tolo no trabalho, quando uma mentira que contara a respeito de seu emprego anterior foi revelada. Ambos sentiram que deviam reduzir suas atividades sociais por algumas semanas. A vergonha atingiu ambos ao mesmo tempo, e isso foi sinal de que algum tipo de culpa também os atingiu. Essa fusão parcial pode ocorrer entre colegas que são mutuamente leais e a instituição a que pertencem. Na verdade, em algumas instituições de ensino superior de cunho religioso, exige-se que os calouros endossem antigas confissões ou catecismos, criados em um contexto de batalhas centenárias em relação a doutrinas e práticas. Isso faz com que se tornem parte de uma comunidade com história específica. Nessa história, eles podem passar a ter orgulho de algumas coisas, bem como vergonha de outras, do mesmo modo que o corpo de membros existente na comunidade sente orgulho e vergonha.

Pode parecer esquisito falar de uma pessoa envergonhada ou orgulhosa daquilo que outra tenha feito. Entretanto, o tipo de cumplicidade de que estou falando é para nós, na verdade, familiar. Esse tipo de compartilhamento de culpa, e conseqüentemente das emoções correspondentes, é conveniente à medida

[3]Trad. de Augusto de Campos. (N. do T.)

que a fusão parcial da identidade for oportuna. Obviamente, ambas podem ser impróprias, como quando duas pessoas tornam-se co-dependentes e perdem a devida consciência da própria identidade. Mas essas fusões parciais são freqüentemente boas para nós; na prática, constituem uma parte substancial de uma vida humana feliz.

Proponho que pensemos na união entre Cristo e o fiel como uma dessas fusões parciais de identidade. João Calvino fala de uma "união mística". Isso significa que podemos pensar em um tipo de transferência nos dois sentidos. Há uma transferência do fiel para Cristo, e de Cristo para o fiel. Uma boa visão disso é a de uma criança sendo adotada por uma família. Pode haver o mesmo tipo de transferência em ambas as direções: da nova criança para sua nova família e da família de volta para a criança. A adoção é uma ilustração utilizada no Novo Testamento para a forma como somos incorporados à família de Cristo como seus irmãos e irmãs. Assim, deveríamos pensar em uma transferência de duas vias semelhantes, entre nós e Cristo: nossos erros são partilhados com ele, e seu tipo de vida é partilhado conosco. A expiação é a primeira parte disso. Uma vez que Cristo toma nossos pecados sobre si, pode também carregar o castigo por eles. Como nos tornamos um com Cristo, a nós é transferido o tipo de vida de Cristo; e, por meio de nós, essa vida é compartilhada com os outros.

O irmão de Rosa e sua mulher adotaram em sua família um garoto de oito anos de idade, chamado Chad. Com um histórico problemático, o garoto começou a entrar no mesmo tipo de encrencas em sua nova escola: furtava dos armários dos outros alunos. Com a adoção e a conseqüente fusão parcial de identidade, tais erros tornaram-se erros de toda a família, e todos os seus membros ficavam extremamente consternados, principalmente o novo irmão mais velho de Chad, que freqüentava a mesma escola. Mas, em virtude dessa mesma fusão parcial, Chad passou a desenvolver o tipo de vida que a família sempre viveu em união. Respeitavam-se uns aos outros e as posses uns dos outros, e Chad começou a orgulhar-se da nova identidade. Do respeito e amor que recebia, aprendeu como respeitar e amar os outros. Estava aprendendo como viver aquela nova vida, que já havia se tornado sua ao ser adotado pela nova família.

Minha intenção é apresentar algumas analogias sugestivas. Esses exemplos não solucionam todos os problemas da expiação. No entanto, os conceitos de uma fusão parcial e de uma transferência de duas vias são úteis na compreensão dessa complexa doutrina.

JUSTIFICAÇÃO

A doutrina de que somos justificados em Cristo diz respeito a nossa atual postura diante de Deus. A doutrina é por vezes colocada da seguinte forma: Deus nos vê “em Cristo”; então, não vê nossas imperfeições como parte de nossa nova identidade. Deus nos considera justos. A palavra *justificar* literalmente significa “tornar justo”, e o sentido de “justo” aqui é bastante amplo, incluindo todos os elementos de justiça ou de uma vida agradável a Deus.

Como devemos entender a ajuda divina nesse ponto? Na versão doutrinária aqui apresentada, Deus não nos considera justos por termos nos tornado intrinsecamente virtuosos. Nem Deus reage a uma mudança externa a nosso ser, como se estivéssemos envoltos em uma túnica branca, que esconde nossos erros (essa não é a maneira correta de compreendermos Ap. 6.11).

Isso seria bizarro, pois como algo poderia esconder-se do olhar de Deus? Ele não é, como cremos, onisciente? É comum confundir-se nesse ponto e contestar que aqui não há doutrina alguma que ajude com a lacuna moral. Os cristãos continuam pecando. A doutrina deveria ajudar com essa lacuna entre a exigência moral e nossas capacidades naturais. Mas, se não ocorre uma mudança interna ou externa, onde, no presente, deveria estar o auxílio?

A versão da doutrina da justificação aqui esboçada responde que Deus já nos vê de uma maneira que ainda não somos. Parte do mistério a este respeito reside na relação de Deus com o tempo. Não tentarei explicar isso por não saber fazê-lo. Porém, eis três analogias extraídas da experiência humana mostrando outros contextos em que se compreende a relação entre "já" e "ainda não".

JÁ E AINDA NÃO

Na vida humana, existem várias situações em que experimentamos a curiosa conciliação entre estar em um processo rumo a alguma coisa e, em certo sentido, já estar lá.

O primeiro exemplo é extraído da experiência de tornar-se cidadão americano, algo que experimentei. Os candidatos fazem uma prova e um juramento perante o juiz, que, assim, os declara cidadãos. A declaração do juiz causa uma imediata mudança de *status*, apesar de ainda não ter ocorrido uma mudança interna. Os novos cidadãos ainda não acham o beisebol[4] naturalmente fascinante, nem cantarolam música *country*. Nem

[4]Jogo com uma pequena bola, muito popular nos Estados Unidos, derivado do críquete e disputado por dois times com nove jogadores cada um. O campo, cuja forma lembra um diamante, tem quatro bases, ou seja, quatro posições em que os jogadores se revezam. (N. do E.)

há qualquer mudança externa (talvez com exceção de algumas assinaturas em algum lugar, ou algumas promessas firmadas de boca; porém, não se trata de nova realidade em si, somente dos sinais dela). Os candidatos não viram cidadãos americanos ao ser envoltos, daquele momento em diante, em listras e estrelas. Apesar de tudo, a mudança de *status* é real.

Alguns podem negar tudo isso, insistindo em que somente a realidade pode ser experimentada aqui e agora. Diriam que as palavras do juramento de cidadania realmente existem, por poderem ser ouvidas, mas que não há nenhuma mudança real nos candidatos até terem passado por uma mudança interna. Até que isso ocorra, sua condição de americano é apenas uma ficção legal, porque o tipo de vida tipicamente americano ainda não está em vigor. Todavia, creio que essa é a maneira errada de olharmos para a questão. Mudanças podem ser verdadeiras, ainda que não tenham sido experimentadas. Nesse tipo de situação, temos um "já" e um "ainda não". Após alguns anos vivendo a nova cidadania, provavelmente ocorrerão mudanças internas e externas. Para sua surpresa, os novos cidadãos americanos poderão se emocionar profundamente em um momento de tragédia nacional, com um sentimento de solidariedade em relação a seus compatriotas. Mas essas mudanças não são necessárias para uma alteração de *status*. Após o juramento, eles realmente mudaram; já são cidadãos americanos.

Outro exemplo pode ser extraído da música. Enquanto escrevo essas linhas, penso na abertura da *Quinta sinfonia* de Beethoven ("Tan, tan, tan, taaan"), mas o argumento pode ser aplicado à maioria das peças de certo vulto. Uma idéia ou uma frase é primeiramente definida. Então, esse tema torna-se mais e mais importante, ao ser repetido em diversos contextos, modificado, transformado em uma composição mais longa e executada por diversos instrumentos espalhados por toda parte, separados e juntos. Se perguntarmos o significado do tema, a resposta nos será dada pela totalidade da peça. A mesma seqüência de notas é utilizada numa vinheta de propaganda, com um significado completamente diferente. O complexo desenvolvimento já está implícito nos primeiros momentos em que as notas são tocadas, ainda que essa primeira ocorrência possa ser simples e aparentemente ingênua. A primeira frase da composição traz a peculiaridade do "já" e do "ainda não" que estou tentando distinguir.

Considere a experiência de ouvir uma peça musical que já conhecemos e apreciamos. Dessa vez, ouvimos aquelas notas iniciais com uma crescente excitação, uma gestação, proporcionada pelo que já sabemos que ocorrerá com a frase ao longo do restante da peça. Já podemos ouvir o avanço do movimento e ainda nos sentimos encantados com suas alterações. Estamos nos enganando quando sentimos esse tipo de deleite? Fingimos para nós mesmos que não sabemos como a peça vai se desenrolar? Isso não parece uma descrição correta do que acontece conosco. É mais como se a frase inicial fosse experimentada ao mesmo tempo como algo novo e familiar. Já possui aquele significado especial que o desenvolvimento da peça apresenta no todo e, ainda assim, fisicamente (como nossos ouvidos recebem), não passa de "Tan, tan, tan, taaan"; nem mais nem menos. Admiti anteriormente que não compreendo a relação entre Deus e o tempo. Mas pode ser que ela permita o mesmo tipo de verdade dupla, ou algo semelhante. Deus nos conhece, tanto como seremos no futuro quanto o que somos em cada fase sucessiva por que passamos, uma após a outra. Ainda não compreendemos o significado de nossas vidas, como Deus já pode vê-las.

Um terceiro exemplo, e creio que o mais útil, pode ser extraído da biologia. Uma bolota (semente de carvalho) não parece muito um carvalho, mas ainda assim é totalmente um carvalho. (O capítulo 7 voltará a esse exemplo e falará um pouco mais sobre as dificuldades que ele traz.) Pudemos, recentemente, localizar alguns mecanismos genéticos que produzem o crescimento. Há certo tipo de harmonia nas alterações que somente as substâncias possuem. Compreendemos o mundo fundamentalmente em termos de substâncias específicas e daquilo que ocorre com elas. É assim que selecionamos as impressões do mundo, fornecidas pelos nossos sentidos, em um padrão relativamente organizado. Um monte de areia não é uma substância específica, porque não há uma resposta para a pergunta: "Continuará sendo o mesmo monte se for retirado dele um grão, ou dois grãos, ou três grãos?". Não há princípio ou essência em um "monte" que poderia fornecer-nos uma resposta. O mesmo ocorre com uma poça e a água de que ela se forma e que, aos poucos, se evapora. Montes de areia e poças d'água não dispõem do tipo de integridade ou princípio organizativo interno necessário para que sejam uma substância específica.

No entanto, a bolota possui isso, e trata-se do mesmo tipo de harmonia que existe no carvalho. Essa integridade é constituída pelo tipo de vida inerente à bolota, e, para compreendermos esse tipo de vida, precisamos ver sua futura consumação em carvalho. Quando vemos essa árvore, sabemos que lá existe um tipo de substância específica, dona de um tipo característico de vida e de um processo normal de desenvolvimento que a levou até ali. Pensemos na árvore como um componente básico do mundo, em torno do qual podemos organizar o emaranhado de nossas sensações iniciais. Mas esse conhecimento nos permite pensar na bolota como já sendo uma substância, apesar de ainda não ser uma árvore. Aqui também temos um "já" e um "ainda não". Teologicamente, o argumento afirma que Deus vê nossa consumação e que isso nos define como a substância específica que somos. O primeiro capítulo traz esse conceito ao mencionar o nome que Deus tem para nós, escrito em uma pedra branca; o nome revela o que cada um de nós é. Mas, para nos dar esse nome, Deus não tem de esperar até chegarmos ao céu. Nosso nome já está lá, embora ainda não vivamos à sua altura.

Essas três analogias são citadas a fim de nos ajudar a compreender a doutrina da justificação. A objeção reside no fato de essas doutrinas não solucionarem a questão da lacuna moral. Cristãos justificados ainda pecam. Logo, a justificação não parece preencher a lacuna. Mas, se pudermos começar a compreender de que modo Deus já nos vê como ainda não somos, também poderemos começar a entender como a lacuna pode ser preenchida já nesse momento, apesar de percebermos que não somos tão bons como deveríamos ser. Nosso objetivo é fechar a lacuna, e Deus vê esse objetivo como aquilo que nos torna o que somos.

O que isso tem a ver com Cristo? Ele foi obediente, por um lado, ao ser morto na cruz por nossos pecados. Mas também foi obediente ao cumprir a lei de uma forma que nos mostra como deveríamos viver. Tinha o tipo de amor por seu Pai e pelo próximo que resume todos os mandamentos da lei. Nesse sentido, sua vida é um exemplo para nós. Contudo, não se resume a um exemplo. É a vida na qual somos incorporados, pelo tipo de fusão parcial de identidade tratada no início deste capítulo. Por meio de nossa adoção, agora pertencemos, como irmãos e irmãs, à família tipificada por esse tipo de amor; e, por intermédio de nossa vida, esse amor pode alcançar outras pessoas.

SANTIFICAÇÃO

Se a justificação trata do nosso presente, a doutrina da santificação, como eu vou interpretá-la (reconhecendo haver outras interpretações cristãs), refere-se necessariamente ao nosso futuro. A palavra *santificar* significa, literalmente, "tornar santo". Na versão doutrinária que tento explicar, esse "tornar santo" é algo que experimentamos ao longo do tempo. É um processo. Voltando à analogia feita com o processo de transformação em cidadão americano, esse seria um processo de americanização, experimentado gradualmente por aqueles que chegam para ficar. A primeira seção deste capítulo mencionou uma transferência em dois sentidos, como a que ocorre entre uma criança adotada e sua família adotiva. A santificação é a segunda transferência, da vida de Cristo de volta para nós, à medida que nossa vida, pouco a pouco, torna-se mais semelhante à dele.

Isso significa que a vida daqueles que estão sendo santificados torna-se cada vez mais semelhante uma com a outra? Não seria bem assim. Um poema de Gerard Manley Hopkins[5] expressa isso de forma primorosa. Daqui a pouco, explicarei os versos mais difíceis.

> Enquanto martins-pescadores pegam fogo, libélulas
> atraem as labaredas;
> Ao despencar pelo parapeito de poços redondos,
> Pedras tinem; como o faz cada corda tangida,
> cada balanço do badalo de um sino suspenso acha uma
> forma de divulgar seu nome;

[5]Poeta inglês (1844–1889), jesuíta, autor de pequenos poemas que exerceram grande influência sobre a poesia anglo-saxônica, por suas inovações métricas e pelo tom trágico. (N. do E.)

Cada coisa mortal faz algo e todas fazem o mesmo:
cada um exterioriza aquilo que em seu interior habita;
Expressa-se — segue por si mesmo; *eu mesmo*, ele fala
e conclui,
Clamando: *O que faço é o que sou: para isso vim.*

Digo mais: o homem justo faz justiça;
Mantém a graça: a qual mantém todas as suas graças
existentes;
Produz diante de Deus aquilo que é aos olhos de Deus —
Cristo — pois Cristo age em dez mil lugares,
Agradável nos membros, e em olhos que não são seus
Para o Pai, por meio de feições de rostos de homens.

Hopkins foi extremamente influenciado por Duns Scotus, um filósofo franciscano do século XIV que também trabalhou em Oxford. Scotus ensinava que cada indivíduo tinha sua própria essência, a qual é mais perfeita que a essência humana partilhada por todos nós. Essa era a terceira parte da diretriz organizativa que discutimos no primeiro capítulo: a orientação para amarmos as singularidades uns dos outros, no mínimo pelo tanto que amamos o que temos em comum.

Na primeira estrofe de seu poema, Hopkins inicia-o com duas imagens que nos fazem ver, e três que nos fazem ouvir. Os martins-pescadores da Inglaterra são diferentes dos encontrados nos Estados Unidos. São pequenos e de cor turquesa e, como libélulas, brilham ao sol. Ambas as criaturas tomam o brilho do sol e o devolvem alterado pelo brilho de suas próprias e vivazes penas ou pele. Deixar cair uma pedra em um poço, tanger uma corda e balançar um sino com um puxão — cada uma dessas ações produz um som que, ao espalhar-se, torna-se maior que o ato em si e ao mesmo tempo revela o caráter especial da rocha batendo na água, ou a corda vibrante, ou o bronze golpeado. Cada um anuncia seu nome, assim como o ser específico ou a essência que habita em seu interior. Manifesta seu ego e nisso cumpre seu propósito, o objetivo de sua existência.

Na segunda estrofe, Hopkins diz mais; diz que o homem justo (virtuoso) recebe graça de Deus, de forma que suas ações refletem aquilo que ele já é aos olhos de Deus, a saber, Cristo. Trata-se de uma referência à doutrina da justificação. Será que isso significa que somos todos semelhantes, porque somos todos Cristo? Sim e não, diz o poema. Toda vida que "está em Cristo" possui a natureza da vida de Cristo e é agradável aos olhos de Deus-Pai, uma vez que Cristo é assim agradável. Mas nossas feições nos pertencem, e cada uma é exclusiva. Essa é nossa diversidade "em Cristo", e Deus aprecia essa variedade.

Uma história do Novo Testamento (Lc 8.40-56) dá um exemplo do que isso pode significar na vida moral. Jairo era dirigente da sinagoga local, acostumado a uma posição de liderança e proeminência na vida pública. Mas sua filha de doze anos estava morrendo, e não havia nada que ele pudesse fazer para impedir isso. Como último recurso, e fazendo uma concessão à autoridade de outra pessoa, buscou ajuda em Jesus, e Jesus se dispôs a ajudar.

No entanto, enquanto se dirigiam ao local, foram interrompidos ao serem cercados por uma multidão. Uma mulher que havia doze anos vinha sofrendo de hemorragia, por isso considerada imunda pela lei judaica, tocou a borda das vestes de Jesus e foi imediatamente curada. A lei judaica prescrevia a borda, ou orlas, das vestes como memorial aos mandamentos, sendo que um desses mandamentos proibia Jesus de tocá-la. Mas essas leis e mandamentos tinham sido resumidos, pelo próprio Jesus, no mandamento para amar. Aquela mulher também queria ser curada por ele. Todavia, não podia pedir-lhe abertamente, pois ele não podia tocá-la sem tornar-se impuro; desse modo, ela esperava fazê-lo em segredo por meio de suas vestes. Jesus, no entanto, não a deixaria passar inadvertidamente. Perguntou quem o havia tocado, e, a princípio, ela o negou, juntamente com todos os outros. Mas quando viu que não poderia continuar escondida, superou doze anos de vergonha e disse a toda a multidão não somente o que tinha feito, mas por que e como fora curada.

Nesse ínterim, Jairo aguardava. Nada no mundo poderia ser pior para ele, visto que estava com sua filha à beira da morte. E enquanto Jesus ganhava tempo para que a mulher se revelasse à multidão, um criado chegou e disse a Jairo que sua filha estava morta. Jairo poderia ter abandonado Jesus, desesperado e com raiva. Mas Jesus lhe disse que cresse, e sua filha seria salva. Jairo permitiu-lhe assumir o comando, repreender os que lamentavam em sua casa, pegar a mão da menina morta (mais uma vez tornando-se impuro) e chamá-la de volta à vida.

Nessa história, Jesus pede a duas pessoas que enfrentem tentações e fraquezas marcantes. Jairo teve de superar a tentação dos fortes, de ser auto-suficiente; teve de esperar, de submeter-se à liderança de Jesus. A mulher teve de encarar a tentação dos fracos, de esconder-se; teve de vir a público, revelar tanto a si mesma como sua humilhação. Seria certo dizer que Jesus desejava que eles se tornassem o mesmo tipo de pessoa; que desenvolvessem alguma forma virtuosa melhor e genérica, a partir de posições extremamente humildes e extremamente imponentes? Isso não está totalmente correto. Em vez disso, cada um tem de converter-se no nome ou na essência que "em seu interior habita". E o caminho para isso passa diretamente pelo que é mais difícil para cada um. Cada um tem de ser, da mesma forma que esses dois, aberto à força. Hopkins usa uma ilustração dessa natureza em outro poema, talvez o maior que já compôs: *The windhover* [*O falcão*]. Temos que sofrer tal qual um pedaço de madeira carbonizada que resta de um longo incêndio e que, por fim, se quebra e revela o brilho da chama em seu interior; "e brasas lúgubres, ó meu caro, caem e rompem-se, com suas fissuras em tons vermelho-dourados".

Como funciona a santificação? Qual é seu mecanismo? Essas questões são de certa forma tolas; estamos falando de uma obra de Deus, logo não deveríamos ter a expectativa de saber como Deus opera. Mas a teologia aponta para o Espírito Santo, que nos convence, nos aconselha e nos conforta. O Espírito Santo nos faz lembrar de nossas deficiências, chama-nos para o caminho que precisamos seguir e nos dá força para segui-lo. (Originalmente, *confortar* significa "fortalecer".) Podemos, então, ver essa melhora em nós? Aqui a história fica confusa. Aqueles que, aos olhos dos outros, parecem estar avançados na estrada da santidade, parecem, aos seus olhos, cheios de pecado. Há um mistério aqui. Quiçá o que ocorre seja que alguma tentação que costumava ser difícil tenha se tornado mais fácil de resistir, o que revela, à sombra dela, outra tentação difícil (p. ex., vangloriar-se por ter resistido à primeira tentação). Assim, há sempre um pecado a ser enfrentado, e o pecado é sempre abominável. Alguns teólogos dizem que todo pecado é igualmente abominável; isso me parece um exagero. De qualquer forma, é possível uma melhora verdadeira sem que se perceba estar mais próximo da santidade ou da pureza. E essa situação mista de progresso e autocensura parece ser característica dos maiores santos. Santificar-se é aproximar-se do esplendor específico que Deus vê em nós, mesmo que não possamos vê-lo.

Há uma objeção óbvia a essa doutrina. Certamente o crescimento moral é algo que nós mesmos buscamos desenvolver, e não algo provocado em nós por um agente externo. Mas venho falando de santificação como uma obra do Espírito Santo, que convence, aconselha e conforta. A dificuldade está em compreender se essa é, realmente, a operação de Deus em nós, e tornamo-nos assim apenas a matéria na qual o processo ocorre; isso, porém, apaga nossa liberdade e responsabilidade, e somos deixados sem nenhuma forma reconhecível de moral. O conceito de fusão parcial de identidade sugere uma resposta a essa dificuldade.

FUSÕES PARCIAIS MAIS UMA VEZ

Aqui, e na maior parte deste capítulo, lido com mistérios que não afirmo compreender completamente. O mistério com que lidaremos agora é a cooperação, entre nossa ação e a ação de Deus, em nosso crescimento. Creio ser útil voltarmos à idéia de fusão parcial de identidade, mencionada na primeira parte deste capítulo, e tornarmos a examinar as várias analogias ali desenhadas. Em um contexto completamente humano, crescimento moral é empreendimento conjunto, e temos a mesma dificuldade em divisar quem está fazendo o quê. Mas essa dificuldade no contexto humano não nos deveria tentar a negarmos nossa liberdade e responsabilidade. O mesmo é verdadeiro no contexto de nosso relacionamento com Deus, mesmo que (como direi no final) a iniciativa de Deus na relação a torne diferente de nossas relações humanas uns com os outros.

Lucy cresceu moralmente por meio do episódio dos calçados perdidos. Pôde ver que, ao não atentar para onde colocara os sapatos na noite anterior, causou aflição a sua mãe. Se ela ama sua mãe, o sofrimento causado também será um auto-sofrimento.

Em parte, é por isso que chora. Não teria como dar uma explicação dessa natureza, mas ainda assim a aflição de sua mãe é verdadeiramente derramada sobre ela. Rosa, por seu lado, não está zangada apenas com sua filha, mas também consigo mesma pela perda dos sapatos. Em parte, é como um tipo de retrospecto de sua infância, de onde lhe vêm lembranças claras e exatas desse tipo de coisa ocorrendo também com ela. Na verdade, descobre que se zanga mais com seus filhos exatamente quando demonstram as fraquezas ocorridas em sua infância, e sua raiva é dirigida tanto contra si como contra eles. Quando vê Lucy chorando, fica comovida com seu sofrimento, e há um tipo de refluxo. Ao desculpar-se, está de fato dizendo que sente muito por toda a confusão, para a qual ambas contribuíram de várias formas que não podem ser completamente distinguidas. Quando sua filha lhe perdoa, está perdoando toda a confusão, e todas se envolvem mutuamente em cada estágio desse processo.

Organizamos o episódio em duas ofensas — uma por Lucy (perdendo seus calçados) e uma por Rosa (repreendendo sua filha) — e em dois atos de perdão. Mas isso é de um simplismo excessivo. Ambas as ofensas e atos de perdão envolvem as duas. Lucy amadureceu com tudo isso. Tornou-se mais como Deus já vê o que ela é. Mas quanto desse crescimento é proporcionado por ela, e quanto por Rosa? Não afirmo que Rosa e sua filha se tenham tornado uma pessoa. Sem dúvida, a fusão parcial pode ir longe demais em alguns casos, podendo haver a perda do ego, o que é perigoso e até mesmo patológico. Mas não é esse o caso que tenho em mente. São duas pessoas diferentes, e, ainda assim, o crescimento de uma é o crescimento de ambas, considerando-as como uma unidade, um desenvolvimento (para usar a linguagem de Donne) da "alma melhor" que cresce entre elas. Recuperam-se juntas, e sua união fica mais forte do que antes.

Quando pecamos, entristecemos o Espírito Santo (Ef 4.30). Quando sofremos e oramos, podemos, eventualmente, não achar as palavras certas, mas o Espírito "... intercede por nós com gemidos inexprimíveis" (Rm 8.26). Quando sofremos, participamos "... dos sofrimentos de Cristo..." (1Pe 4.13), de maneira que, por meio da fusão parcial, ele sofre conosco. Isso não quer dizer que o Espírito Santo cresça conosco em santificação. O Espírito Santo já é santo e não tem necessidade de crescer. Mas esse crescimento e desenvolvimento, apesar de tudo, refere-se à união formada por nós; e, a exemplo de Rosa e sua filha, não deveríamos esperar distinguir o que é feito de cada parte. Poderíamos dizer que o crescimento é algo executado por ambos, e a natureza da união formada é específica para ambos. Após entristecermos o Espírito e nos arrependermos, por vezes no próprio poder do Espírito, a unidade formada entre nós fica mais forte. Essa união torna-se, então, mais apta a desenvolver no todo do corpo de Cristo a obra que é chamada a realizar.

Uma falha na analogia de Rosa e Lucy será destacada pelos calvinistas. Se a aplicarmos na relação entre nós e Deus, essa não atribuirá a Deus o tipo certo de iniciativa. Pelas três doutrinas que examinei neste capítulo, Deus-Pai escolhe adotar-nos, Cristo escolhe morrer por nós, e o Espírito Santo escolhe entrar em nós, embora eu não tenha tentado estabelecer ordem alguma entre essas três escolhas divinas. Creio que a questão da iniciativa se distingue da questão que aborda se o crescimento moral é algo que fazemos, ou se somos apenas a substância na qual ocorre o processo. Creio que Deus dá início ao processo por meio do qual o corpo cresce, e nossas escolhas durante esse crescimento são parte do mesmo processo. Deus inicia em nós o tipo de inquietação que, por fim, leva-nos de volta para ele.

Entretanto, não finjo compreender como tudo isso se encaixa. Simplesmente manifestei o argumento modesto de que temos o mesmo tipo de dificuldade em definir quem faz o que nos relacionamentos humanos. O capítulo 10 volta à natureza da autonomia e da inquietação humana.

Neste capítulo, foram examinados alguns recursos da doutrina cristã na compreensão de como podemos ser reconciliados com Deus, a despeito de fracassarmos em viver conforme o chamado dele. Podemos achar algum auxílio na compreensão de como a lacuna moral pode ser solucionada. Ainda que não o mereçamos, podemos acreditar na expiação — por meio da qual somos perdoados pelo mal que fizemos. Podemos acreditar na justificação — que Deus já nos vê como pessoas íntegras, apesar de ainda não vivermos como somos chamados a viver. Podemos acreditar na santificação — um processo pelo qual aproximamo-nos cada vez mais da santidade, apesar de nos conscientizarmos cada vez mais de nossas imperfeições. Essas três doutrinas continuam misteriosas de diversas formas; entretanto, essa é uma razão para tentarmos compreendê-las da melhor forma que pudermos, e não para abandoná-las em desespero. Essas três doutrinas dizem respeito à nossa vida interior, nosso coração. Também precisamos crer em algo a respeito do mundo exterior no qual vivemos, se quisermos manter uma vida moral. Esse é o tópico do próximo capítulo, que trata da doutrina da providência.

4 PROVIDÊNCIA

COMO SERES MORAIS, EM QUE precisamos crer sobre o mundo no qual vivemos? Nosso enfoque aqui será a doutrina da providência e o modo como esta se relaciona com a moralidade. A idéia básica é que, se vamos perseverar na vida moral, devemos crer que o mundo faz sentido no aspecto moral, apesar de também termos de reconhecer os males e as tragédias por que passamos, nós e outras pessoas. Não podemos dizer, seguindo Macbeth, de Shakespeare, que nossa vida é uma história cheia de fúria e muita barulheira, que nada significa. Mas também não podemos dizer, assim como o dr. Pangloss, do romance de Voltaire, que tudo contribui para o bem no melhor dos mundos possível.

Um bom ponto para começar é a idéia da fé moral, inicialmente ensinada por Immanuel Kant. Essa idéia apresenta dois componentes: a fé em que é possível sermos moralmente bons em nosso coração; e a fé em que o mundo à nossa volta faz sentido no que diz respeito à moralidade. O primeiro componente foi o tópico do capítulo 3. Já examinamos as doutrinas cristãs da expiação, da justificação e da santificação, a fim de explicar como o cristianismo raciocina sobre o auxílio de Deus. Pessoas morais devem crer que suas capacidades foram transformadas *dentro* de si. O segundo componente da fé moral diz que o mundo *exterior* é o tipo de lugar onde a felicidade está seguramente vinculada a uma vida moralmente boa. Explicando isso de outra maneira: pessoas éticas precisam crer que não necessitam fazer o que é moralmente mau a fim de serem felizes. Quando digo que elas "precisam", quero dizer que precisam caso queiram um enfoque coerente. Quiçá muitas pessoas nem mesmo façam a si mesmas essa pergunta. Mas tal crença ainda assim está implícita na forma como levam suas vidas.

Começaremos considerando o modo como as pessoas moralmente boas deveriam se preocupar com sua felicidade. Então, estruturarei o argumento de que precisamos crer que a virtude e a felicidade estão, em última análise, unidas. Na seção subseqüente, acrescentarei que precisamos crer nisso, ainda que não acreditemos que a maioria das outras pessoas é íntegra. Isso nos leva à seção seguinte: a necessidade da fé moral na providência, que é um tipo de *fé*, visto que não pode ser comprovada pela experiência. Este capítulo termina com uma discussão sobre como a providência nos alcança ao longo de nossa história, e não apenas nas situações cotidianas da vida.

FELICIDADE E MORALIDADE

O termo *providência*, como será usado neste capítulo, é um ordenamento que permeia o universo, permitindo a este fazer sentido no aspecto moral da seguinte forma: pessoas que têm fé na providência crêem que sua felicidade está seguramente vinculada ao seu esforço de serem moralmente boas, e elas podem ver que essa mesma associação funciona para todos. Crêem não haver ninguém cuja felicidade dependa de fazer o que é moralmente errado — o que viola a diretriz organizativa — ou de recusar fazer o que é moralmente correto.

O irmão e a cunhada de Rosa decidiram adotar Chad quando ele estava com oito anos de idade. Foi uma decisão difícil, pois o garoto já havia se metido em encrencas e passado por mais de um lar adotivo. Levaram em consideração as necessidades dos outros membros da família e conversaram com eles, cuidadosamente e por diversas vezes, sobre essa decisão. Recordaram-se de momentos em que foram obedientes ao que parecia certo, ainda que não fosse fácil, e lembraram-se de como haviam sido abençoados. Por fim, apesar de saberem que estariam correndo um risco, decidiram que era a coisa correta a fazer. Tinham fé em que isso seria bom para Chad e conciliável com o bem-estar de toda a família.

Essa percepção da providência não faz menção a Deus. Não diz que ele dirige o mundo e viabiliza bondade e felicidade condizentes. Creio que essa é uma questão relevante e independente, se a moralidade com que estamos familiarizados requer que se creia que a ordem moral conta com uma *pessoa* em seus bastidores que providencia o ordenamento. A idéia de que há uma orientação moral é imprecisa. Penso que é parte daquilo em que estamos inclinados a crer, quer creiamos ou não em Deus. Todavia, não estou afirmando que esse conceito tenha integrado todas as culturas na história. No mundo de Homero, os heróis não dão importância à relação entre sua forma de vida e a virtude e felicidade de todos os seres humanos.

Crer na providência não significa que vemos a bondade moral como recurso para alcançarmos nossa felicidade. Isso seria incompatível com o devido respeito pela moralidade, pois respeitar a moralidade significa não subordiná-la à nossa própria felicidade. Preciso falar mais a respeito disso, pois há uma arraigada tradição que negaria essa visão. Essa tradição segue as visões de Platão e Aristóteles, que tinham uma teoria sobre a motivação. De acordo com essa teoria, tudo o que desejamos está sob a orientação geral de nossa própria felicidade. Esta, de acordo com tal visão, é o bem maior de cada pessoa, e esse bem maior engloba todos seus fins, objetivos e propósitos, os quais ou compõem nossa felicidade ou os meios pelos quais a alcançamos. Inclui-se aqui até mesmo a virtude, de modo que é nossa própria felicidade que nos estimula a alcançar a virtude. Essa visão da motivação não significa que somos sempre egoístas. Aristóteles, por exemplo, consente que uma pessoa possa incluir outras pessoas em sua felicidade. Desse modo, a felicidade dos pais inclui o bem-estar de seus filhos, e a felicidade dos amigos inclui a felicidade de seus amigos. É por isso que Aristóteles diz que o filho se torna "outro ego" para seus pais, e o amigo se torna "outro ego" para seu amigo. O "meu ego" torna-se o "nosso ego". Nossa pele torna-se, por assim dizer, elástica, de forma que se adapta a mais e mais pessoas dentro dela e considera sua felicidade como parte da nossa própria felicidade. Segundo essa visão, somos estimulados a ajudar essas outras pessoas "para o bem delas", mas somente porque se identificam conosco. Se perdemos essa empatia, perdemos com ela nossa motivação.

Uma visão diferente da motivação humana é proposta por John Duns Scotus, que enfatiza a natureza abnegada do amor cristão a Deus e ao próximo. Scotus diz que nós, humanos, possuímos dois diferentes tipos básicos de motivação: um voltado para a própria felicidade e outro voltado para o que é bom em si mesmo (por exemplo, Deus), a despeito de nossa felicidade. Ele pensa que somos livres unicamente por termos esse segundo tipo de motivação. Nesse ponto, faz uma diferenciação entre liberdade e natureza. Nosso desejo pela própria felicidade ou perfeição é dado por nossa natureza, e não algo que escolhemos. Os animais não optam por colocar-se em primeiro lugar (e seu próprio grupo e parentes); fazem isso instintivamente. Mas os seres humanos têm liberdade para preferir o que é bom em si, independentemente de qualquer relação com a sua própria felicidade. O bom samaritano chegou a ajudar um inimigo de seu povo que caíra ferido à beira da estrada. Por várias gerações, o clero presbiteriano declarou, no encerramento de seus cultos de ordenação, sua disposição de ser amaldiçoado em prol da glória de Deus; e eles estavam repetindo as palavras de Moisés e Paulo (v. Êx 32.32 e Rm 9.3). Portanto, os humanos possuem esses dois tipos de motivação. A doutrina da Queda nos diz que nascemos classificando isso erroneamente, pondo em primeiro lugar o desejo por nossa própria felicidade e, em segundo lugar, o amor pelo que é bom em si.

Como Scotus, creio que podemos amar o que é bom por seus próprios méritos, e não por ser parte da nossa felicidade. No entanto, não é incoerente nos preocuparmos se um comprometimento com o que é bom em si levará à nossa felicidade. Somos o tipo de criatura que, efetivamente, se preocupa com essa questão, e nada há de errado nisso. Os fundamentos da doutrina cristã dizem que fomos criados assim e que Deus, mais do que nós mesmos, quer que sejamos felizes. Scotus afirma que, até mesmo no céu, nos interessaremos por nossa felicidade. Todavia, a questão fundamental é a ordem de importância que atribuímos a essas duas motivações diferentes. Qual delas colocamos em primeiro lugar: nossa felicidade ou o que é intrinsecamente bom?

Afirmo que a disposição correta de espírito é pôr o que é bom em primeiro lugar, mas ainda nos mantemos preocupados em verificar se o que é bom nos fará felizes. Há um perigo nessa disposição de espírito. Pois é fácil nos equivocarmos, pensando que perseguimos o que é bom em si, quando, na verdade, é nossa felicidade que nos motiva o tempo todo.

Lembro-me, por exemplo, de uma visita a uma escola primária cristã, onde havia trabalhos dos alunos expostos nas paredes. Os alunos tinham feito desenhos em duas metades da parede: a parte de cima e a de baixo divididas por uma linha. Na parte de baixo, havia desenhos de boas ações, como ajudar a lavar os pratos. Na parte de cima, imagens do céu, com Jesus de braços abertos e dando as boas-vindas. A mensagem do trabalho era que, se fizesse o tipo de coisa mostrada na parte de baixo, você receberia a recompensa exibida na parte de cima. E creio que não há nada de errado com a crença de que aqueles que vivem de um modo agradável a Deus acabarão no céu, embora não sejam salvos por suas obras. O detalhe delicado é a motivação. Pode ser que Deus tenha misericórdia de nós e não se importe se começamos a querer ser bons com o intuito de irmos para o céu. No entanto, se isso continua sendo o fundamento de nossa motivação, creio que existe aí algo de errado.

Fé moral é acreditar que ser bom condiz com nossa felicidade. Mas crer nisso requer que tenhamos fé em que há algo (ou alguém) que mantém em união nossa felicidade e nosso amor pelo que é bom. Nossa felicidade não se resume em sermos virtuosos, mas envolve várias outras coisas que nos proporcionam uma boa vida. O fundamento cristão de nossa fé moral é a crença de que, se buscarmos primeiro o Reino de Deus e a sua justiça, receberemos também essas outras coisas (v. Mt 6.33 e Sl 37.4). No entanto, afirmo que essa crença na providência é parte de "nossa" visão moral, quer creiamos ou não em Deus. O objetivo deste capítulo é mostrar por que, no fim das contas, um ser moral precisaria desse tipo de fé moral na providência.

MORALIDADE AUTOGRATIFICANTE

Esta seção demonstrará que precisamos acreditar no que denominarei "moralidade autogratificante". A seção seguinte, então, tentará mostrar que essa crença não é suficiente; também precisamos crer na providência. Moralidade autogratificante é um sistema em que a virtude de cada um é que torna todos felizes. Começarei demonstrando que "nós", efetivamente, acreditamos que, se fôssemos todos moralmente bons, seríamos quase todos felizes. Essa crença é tecida na fábrica da moralidade, que nos é familiar, e não pode ser arrancada sem grandes danos à fábrica. Considere as duas convicções que pessoas comprometidas com uma vida moral precisam ter em relação à própria vida: precisam crer que podem ser pessoas boas (os primeiros três capítulos enfatizaram quão difícil é crer nisso); e, creio, o segundo ponto no qual precisam crer é que normalmente podem viabilizar as coisas boas que tentam fazer acontecer. Chamarei isso de sua "crença na eficácia". Precisam crer nisso, pois de outra forma não faria sentido tentar viabilizar aquelas coisas boas.

Imagine um gênio do mal com enorme poder para manipular nossa vida. Suponha que ele providenciasse para que todo bem que tentássemos fazer acabasse causando danos. Acredito que pararíamos de tentar fazer o bem; não haveria qualquer objetivo nisso. Por isso precisamos crer que não há nenhum gênio assim, que o mundo não funciona desse modo e que podemos realmente fazer o bem que decidimos realizar. Não é suficiente que o bem normalmente aconteça ao tentarmos fazê-lo; poderia ser apenas coincidência. Temos de acreditar que os bons resultados que alcançamos são aquilo que planejamos, e que tal ocorreu em virtude de nosso planejamento para consegui-lo.

Rosa foi à biblioteca, a fim de tomar emprestado um livro para seu trabalho. Retirou das prateleiras o livro errado e estava para devolvê-lo quando viu um envelope enfiado no meio das páginas. Curiosa, abriu-o e viu uma passagem aérea para um vôo naquela mesma noite, com o endereço do comprador no envelope. Disparou a procurar uma lista telefônica e conseguiu localizá-lo antes que partisse. O comprador nem mesmo havia percebido que o envelope não estava seguro na maleta de viagem. Ela tentou fazer o bem (retirar o livro) e conseguiu fazer o bem (devolver a passagem aérea). Ficou até mesmo pensando que havia algo de providencial no episódio como um todo. Mas, se suas ações se encaminham ao que é bom sempre dessa forma, ela desistirá de planejar e premeditar. Presumirá que alguma mão invisível a guia por esses caminhos e que não é lógico pensar em quais seriam esses caminhos. Para perseverar na vida moral, ela precisa crer que o bem que alcança é o bem que se *esforça* para alcançar.

Pessoas comprometidas com uma vida moral precisam desenvolver crenças, não apenas a respeito da própria vida, mas também a respeito da vida de outras pessoas. Precisam crer que os outros podem ser boas pessoas e precisam acreditar na eficácia deles; crer que os outros podem alcançar as boas coisas que tentam produzir. Por que temos de acreditar que as outras pessoas podem ser moralmente boas? Ocorre que a moralidade exige que pensemos isso uns dos outros. Pessoas éticas precisam respeitar os demais. Essa idéia está implícita na diretriz organizativa, descrita no capítulo 1. Isso não significa que pessoas morais sejam obrigadas a considerar, na prática, os outros como pessoas virtuosas. Porém, não há forma de respeitar as outras pessoas sem considerá-las capazes de boas ações.

A doutrina cristã traz mais um argumento sobre esse ponto, que nos leva além do que é partilhado por cristãos e não-cristãos. Como o potencial para a virtude transforma-se verdadeiramente em virtude? Agostinho[1] diz: "Deus nos ordena fazer o que não conseguimos para que saibamos que devemos buscá-lo". A princípio, isso soa estranho. Agostinho parece dizer que Deus nos responsabiliza por um padrão que somos incapazes de alcançar. Mas a idéia é que só não poderemos alcançar esse nível se estivermos por conta própria e sem o auxílio divino. Sustentar que "dever" implica "poder" não significa acreditarmos que "dever" implica "poder tudo por conta própria", ou "poder tudo por seus próprios recursos". Deus nos considera responsáveis, na representação tradicional, por alcançar padrões possíveis para nós, mas somente com a ajuda que nos é oferecida.

Lutero[2] ilustra isso por meio de uma analogia. Para ele, Deus é como um pai, que fala a uma criancinha para andar à sua frente. A criancinha ainda não pode fazê-lo, mas levanta-se, dá um ou dois passos e começa a cambalear. O pai, então, estica a mão para que a criança a segure e ande mais alguns passos com seu

[1]Doutor da Igreja latina (Tagasta, hoje Souq-Ahras, Argélia, 354 – Hipona, Numídia, 430). Exerceu papel preponderante na Igreja do Ocidente. Em sua imensa obra escrita, destacam-se *A cidade de Deus*, *As confissões* e sua correspondência pessoal. (N. do E.)

[2]Teólogo e reformador alemão (1483–1546), procurou acima de tudo situar o problema da salvação em uma doutrina segura, que encontrou na Epístola de Paulo aos Romanos. O comentário que disso fez corresponde à perspectiva luterana: em face ao Deus Amor, o homem é pecador; é perdoado por sua fé, única que salva. (N. do E.)

auxílio. Respeitar outra pessoa exige que creiamos que ela possui características suficientemente boas dentro de si, de forma que, havendo auxílio — o que na verdade encontra-se disponível (inclusive o auxílio de Deus) —, ela possa ser uma boa pessoa. Escolhi dizer "que na verdade encontra-se disponível", para evitar afirmar "havendo o auxílio que possivelmente estaria disponível". Aquilo que pensamos estar ao alcance da capacidade de uma pessoa dependerá do tipo de auxílio que cremos estar efetivamente disponível. Os cristãos crêem que Deus oferece, na prática, ajuda para levarmos uma vida moral.

Agora, podemos voltar ao que é partilhado por cristãos e não-cristãos. Pessoas comprometidas com uma vida moral precisam ter crença na eficácia das outras pessoas. Precisam crer que elas geralmente ocasionam o bem que tentam viabilizar. Por que pessoas morais precisam crer nisso? Nossas intenções são solidamente interconectadas com as intenções dos outros. É difícil imaginar alguma intenção que eu pudesse ter e que não exigisse de mim a crença de que os outros possuem a capacidade de concretizar a maioria das boas coisas que escolhem fazer. Vejamos, por exemplo, a intenção que tive ao escrever este livro. Imagine as centenas de outras pessoas cujas intenções e ações foram envolvidas na concretização do plano: as pessoas que evitaram meu carro na rodovia, as pessoas que montaram meu computador e venderam-no para mim, as que arrumaram livros na biblioteca, os revisores na editora, e assim por diante. Então imagine as centenas de milhares de pessoas envolvidas na concretização das intenções *dessas* pessoas. Jogue uma pedra em uma piscina, e as ondas acabam alcançando a beira — toda a raça humana. Isso significa que não posso crer ser possível concretizar o que estou empreendendo, a menos que acredite que isso também é verdadeiro para as outras pessoas.

Se somarmos essas duas convicções sobre as outras pessoas, teremos a crença na moralidade autogratificante com que começamos. Moralidade autogratificante é um sistema no qual nossa virtude e a virtude das outras pessoas produzem nossa própria felicidade e a felicidade dos outros. Imagine que todos não apenas pudessem ser virtuosos, mas fossem virtuosos; e também que nós não apenas pudéssemos alcançar a maioria das boas coisas que objetivamos, mas que alcançássemos todas elas. Então, quase todos seríamos felizes. Em um mundo assim, nós todos aspiraríamos à felicidade dos outros, porque seríamos todos virtuosos; e, ao alcançarmos nossos objetivos, alcançaríamos a felicidade uns dos outros. Se fôssemos conjuntamente virtuosos, segundo essa visão do que é bom, garantiríamos conjuntamente a felicidade uns dos outros. É verdade que, mesmo que fôssemos todos virtuosos, ainda haveria maremotos, artrite e depressões agudas. Mas até as vítimas de tais males naturais estariam integradas em relacionamentos carinhosos com as outras pessoas e cercadas de compaixão e de competentes profissionais de saúde. Pessoas comprometidas com uma vida moral precisam, pelo menos, crer em moralidade autogratificante; que a virtude de todos faria com que quase todos fossem felizes. Já vimos como essa crença está conectada com as outras convicções que todos terão sobre si mesmos e sobre os demais.

FÉ MORAL NA PROVIDÊNCIA

No entanto, crer na moralidade autogratificante não é suficiente. Esse é o ponto crucial do argumento deste capítulo. Temos de estar aptos a perseverar na moralidade, mesmo que não creiamos que a maioria das outras pessoas seja moralmente virtuosa. Precisamos crer na providência, crer que o mundo é de tal forma organizado que a virtude de uma pessoa está seguramente vinculada à sua própria felicidade, *quer as outras pessoas sejam ou não virtuosas*.

Não sei que avaliação meus leitores fazem das virtudes de outras pessoas. Minha própria avaliação não é estável; varia de acordo com meu humor e experiências recentes. Alguns dias, eu acordo e encontro as pessoas de costume, e elas parecem-me essencialmente generosas. Em outros dias, encontro as mesmas pessoas, que me parecem, na melhor das hipóteses, irrelevantes para meu bem-estar e o bem-estar dos outros. Reconheço que há um sentimento de melancolia bastante generalizado em relação à decadência da virtude. Sentimento que se estende em relação à confiança cada vez menor (pelo menos nos países que conheço bem) na boa vontade universal das outras pessoas em situações cotidianas. No entanto, o que importa para meus propósitos neste instante não é quão virtuosas as pessoas efetivamente são, ou mesmo qual é a crença geral a respeito da virtude da maioria das pessoas. O relevante é que nosso comprometimento com a moralidade não depende da virtude dos outros.

Reflita no fato de tentarmos ensinar nossos filhos a serem éticos. Também queremos que sejam felizes. Se pensássemos que ser íntegros fosse fazê-los infelizes, teríamos mais dúvidas do que realmente temos sobre ensinar-lhes valores positivos. Mas muitas pessoas persistem na tentativa de criar seus filhos para serem pessoas éticas, mesmo que não acreditem que eles viverão em uma sociedade onde a maioria de seus companheiros será de pessoas moralmente boas. Se a idéia de moralidade autogratificante fosse o único tipo de ordem moral na qual pudéssemos crer, essa perseverança seria absolutamente inexplicável. O que está por trás dessa perseverança é seguramente a crença de que o mundo está de tal forma organizado que seus filhos, quando crescerem, poderão ser tanto moralmente bons como felizes; e que isso não é garantido pela virtude humana, em geral, mas por algo mais.

Creio que a natureza desse algo mais, não raro, é deixada à indefinição. Meu propósito agora é tratar desse "algo mais". Em algum momento no futuro, precisaremos de uma descrição mais arrojada de como esse tipo de ordem moral poderia ser alcançado. Anteriormente afirmei que a fé moral na providência é fé em uma organização moral do universo. Afinal de contas, a questão a que precisamos responder é se essa organização necessita de um organizador. Isso será explorado mais detalhadamente no capítulo 8. Por ora, estou apenas argumentando que, quando criamos nossos filhos para serem indivíduos éticos, nos comprometemos com a crença de que, para serem felizes, não deverão fazer o que é imoral. Essa crença não depende de crermos que a maioria das outras pessoas é moralmente boa.

Qual a importância de se acreditar que o mundo é de tal forma organizado que torna-se possível a todas as pessoas serem tanto moralmente boas quanto felizes? Penso que esse estado do mundo, que é factível, serve-nos como um ideal e, assim, inspira-nos a um envolvimento com o mundo como ele realmente é. Mas para que funcione dessa forma, como um ideal, precisamos crer que esse estado do mundo é possível. Da maneira que descrevi esse ideal, ele está extremamente vago. O cristianismo traz um conceito mais claro: o Reino de Deus. Ele tem a mesma peculiaridade de ser "já e ainda não", tal qual nossa justiça (estarmos bem com Deus), que examinei no capítulo 3. Já somos membros do Reino e fazemos seu trabalho, mas ainda não o vemos em sua plenitude. As Escrituras em hebraico também trazem a idéia de que Deus promete um tempo em que a justiça e a paz (*shalom*, em hebraico) se beijarão (Sl 85.10). O Reino de Deus é um mundo no qual todos já somos felizes, mas essa palavra torna-se extremamente frágil se simplesmente significar que conseguimos o que queremos. Em um mundo assim, não temos apenas o que queremos, mas o que queremos é o que é moralmente bom querer. É por essa razão que a *justiça* e a paz se beijam. Acredito que até mesmo o mais ambíguo de nossos ideais seja uma visão que tem o poder de nos sustentar, enquanto tentamos aproximar mais o mundo real do nosso ideal. Quando temos vislumbres desses ideais, tais visões nos permitem mantê-los unidos em uma estrutura e reconhecê-los como algo importante. Desse modo, a possibilidade de o mundo ser dessa forma tem impacto direto em nossa vida moral.

FÉ MORAL E EXPERIÊNCIA

Já mencionei que, se formos perseverar em uma vida moral, precisaremos desse tipo de fé moral. Mas também é verdade que a crença na providência não é respaldada de maneira sólida pela experiência. É por isso que *fé* moral é o termo correto para ser utilizado aqui. A experiência nos traz todo tipo de caso prático de pessoas moralmente más que são aparentemente felizes (v. Sl 73), e de pessoas moralmente boas que são aparentemente infelizes. Conhecemos, por exemplo, pessoas que dão tudo de si na tentativa de viverem moralmente bem, mas sofrem de depressão aguda por longos períodos. Desse modo, nossa experiência condiz com um retrato muito mais lúgubre de como é o mundo. Bernard Williams diz que Sófocles[3], o antigo escritor grego de tragédias,

[3]Poeta trágico grego (496/494 a.C–406 a.C.). Autor de *Antígona*, *Édipo rei*, *Electra*, entre outras. (N. do E.)

representava os seres humanos interagindo com um mundo suscetível aos caprichos do destino e que "não é necessariamente bem adaptado a aspirações éticas". Eis um concorrente da fé moral e um retrato bem mais sombrio de nosso destino. Na verdade, não acredito que Williams esteja certo a respeito de Sófocles. Ele avista os argumentos de Nietzsche[4] no mundo antigo por considerar agradável essa representação. Mas não me aprofundarei nisso aqui. Ele nos oferece uma alternativa à fé moral. Por ora, é isso que nos interessa, e não seu julgamento histórico.

A mesma idéia dessa visão pode ser encontrada em todas as novelas de Thomas Hardy[5], com exceção de uma delas, e em grande parte da poesia de A. E. Housman, como seu poema *Terence, this is stupid stuff* [*Terence, isso é estupidez*]:

> Assim, visto que o mundo ainda possui
> Muitas coisas boas, apesar de haver mais coisas más
> do que boas
> E enquanto durarem o sol e a lua,
> A fortuna é acaso, mas os transtornos, certeza;
> Enfrentá-la-ia tal qual um homem sábio,
> E preparar-me-ia para o mal,
> e não para o que é bom.

[4]Filósofo alemão (1844–1900), faz crítica ao idealismo metafísico, ou "ontoteologia", focalizando as categorias do idealismo (ser, essência, sujeito) e os valores morais que o condicionam, e propõe a genealogia dos valores como nova abordagem. Escreveu *Assim falou Zaratustra*, *Além do bem e do mal*, entre outros. (N. do E.)

[5]Escritor inglês (1840–1928), mestre da descrição da vida rural inglesa, foi violentamente criticado pelo pessimismo radical que caracteriza seus romances. Escreveu *A famosa tragédia da rainha da Cornualha*, entre outros. Foi considerado "o último dos grandes vitorianos". (N. do E.)

A concepção de um mundo trágico contém certo apelo. Camus[6], existencialista francês, conta a lenda grega de Sísifo, um personagem condenado pelos deuses a rolar eternamente uma pedra montanha acima, somente para vê-la rolar montanha abaixo. Camus imagina Sísifo perseverando em sua tarefa sem sentido, mas brandindo seu punho para os deuses que lhe exigem isso. O quadro mostra certa nobreza. Sísifo não faz de conta que sua vida tem algum sentido, mas persiste ao desafiar essa falta de lógica. Por outro lado, pode parecer que fé moral na providência seja um tanto pusilânime ou covarde. A crença de que o universo se encaixa em nossas aspirações morais pode parecer uma espécie de fantasia confortável, uma inépcia para olhar direto nos olhos da dura realidade. As evidências de incompatibilidade entre felicidade e virtude podem ser esmagadoras. Podem ser tão intensas que somente uma pessoa tola, hipócrita ou fraca continuaria crendo que o mundo é organizado de modo a sermos felizes, uma vez que atendamos às exigências morais. De acordo com essa visão, fé moral na providência não faz parte de uma vida autêntica e maravilhosa.

Nesse momento, é importante atentarmos para a vida daqueles que passaram por grandes infortúnios e ainda assim perseveraram na fé em Deus. O que essas vidas nos mostram? Que pessoas experientes em situações ruins nem sempre concluíram que tais experiências faziam com que, forçosamente, rejeitassem a fé. Na época em que eu estava escrevendo *The moral gap* [A

[6]Albert CAMUS, escritor francês (1913–1960) cuja obra apresenta as hesitações do homem, que, por meio de seus heróis, adotou uma atitude de revolta, orientada, no entanto, para os mais altos valores espirituais. Escreveu *A queda*, *Os justos*, entre outros. Recebeu o prêmio Nobel de literatura, em 1957. (N. do E.)

lacuna moral], conversei com uma mulher chamada Eva, que sobrevivera aos campos de concentração da 2ª Guerra Mundial. Ela afirmava que, segundo sua experiência, aqueles que eram enviados aos campos de concentração possuindo uma fé forte em Deus, caso sobrevivessem, saíam com a fé fortalecida. Não compreendiam por que Deus permitia o sofrimento, mas a fé os sustentava e os fazia sobreviver. Eva era judia, e não sei se ela cria ou não em vida após a morte. Minha impressão é a de que ela não acreditava. No entanto, Eva demonstrava uma atitude essencial de confiança. Confiança de que Deus estava, no fim das contas, no controle de tudo. Confiança de que, no mundo, o bem era mais determinante que o mal e, por fim, venceria.

Uma extensa literatura biográfica e autobiográfica trata desse tema. Por exemplo, Elie Wiesel, tendo sobrevivido aos campos de concentração durante a infância, diz que se enfureceu com Deus e não descobriu a razão pela qual ele permitiu o Holocausto. Ainda assim, principalmente em sua última obra, afirma que se aproximou mais de Deus por meio de sua luta e protestos. Outra sobrevivente dos campos nazistas é Corrie Ten Boom. Além de quase morrer, Corrie viu sua querida irmã perecer. A obra *Lamento por um filho* [*Lament for a son*], de Nicholas Wolterstorff, trata da morte de seu filho. Já C. S. Lewis narra a morte de sua mulher em virtude de uma doença cruel em *A grief observed* [*Uma dor observada*]. Em *Um passo a mais*, a autora Joni Eareckson Tada protesta contra a lesão incapacitante de um atleta. Cada uma dessas pessoas foi forçada pela experiência a ser honesta com Deus, mas não a desprezá-lo. Não discuto aqui o raciocínio teórico sobre se a existência do mal é compatível com a de um Deus bondoso. Considero, mais exatamente, a natureza de vidas que apresentam fé moral diante de sofrimento esmagador. É importante que vidas de pessoas como Eva despertem admiração. Essas vidas carregam convicção. Possuem uma percepção do enorme mal que experimentaram. Não o consideram meramente compatível com sua fé (embora seja relevante defender isso). Antes de tudo, digo que suas vidas são obviamente elogiáveis, e que seria imoral negar sua virtude. Existe algo como uma vida claramente virtuosa? Algumas pessoas negariam isso. Por exemplo, Christopher Hitchens escreveu um livro tentando desmascarar o mito de Madre Teresa[7]. Devotou sua vida a descobrir "minhocas" em qualquer lugar. Mas fico satisfeito ao descansar na afirmação de que existem vidas obviamente virtuosas, apesar de não haver unanimidade em caso algum; além disso, insisto em dizer que vidas assim tenderão a estar mais familiarizadas com o sofrimento e a demonstrar o que chamei de fé moral.

Um caso exemplar é o vivido por Ivan e Alyosha, no romance *Os irmãos Karamazov*, de Fiodor Dostoievski. Ivan conta a história do Grande Inquisidor, que é muitas vezes utilizada nos livros de filosofia como um paradigma no raciocínio contrário à fé na providência. Após contar uma série de histórias horripilantes do mal, Ivan encerra dizendo a Deus que ele, respeitosamente, devolve o ingresso (para o espetáculo inteiro). Ivan diz que, se esse é o tipo de mundo que Deus dirige, ele não quer tomar parte nele. Mas temos de perguntar o que Dostoievski pretende ao pôr um trecho tão intenso na boca de Ivan, tendo Alyosha como ouvinte. Os livros de filosofia retiram a passagem de seu contexto e não captam o sentido verdadeiro. O que

[7]Madre religiosa de origem iugoslava (1910–1997). Em Calcutá, na Índia, fundou a Ordem das Missionárias da Caridade que, em 1965, tornou-se congregação pontifical (sujeita apenas ao Papa). (N. do E.)

acontece a esses dois irmãos? Ivan, que não tenta camuflar nem as exigências morais nem sua absoluta incapacidade, enlouquece no fim da história e passa a entabular conversas com o demônio. Alyosha, no fim do livro, declara sua fé a um grupo de crianças que ele ama, e que o amam também. Dostoievski tenta mostrar-nos algo. A história do Grande Inquisidor é poderosa, mas não concludente. A vida de Ivan, um homem no meio da lacuna moral, mas sem fé moral alguma, está fadada à ruína; contudo, a vida de Alyosha, que conserva sua fé sem fingir que o mal não existe, está destinada à glória. Podemos ver em sua vida características da plenitude do Reino de Deus, para onde ele se dirige.

Moralidade, portanto, requer fé moral na providência. Essa fé assume a forma da convicção de que a virtude é compatível com a felicidade, quer as outras pessoas sejam, no geral, virtuosas, quer não. O próximo passo é inquirir sobre os mecanismos da providência. De que maneira ela deve funcionar? Tudo que tenho sustentado até aqui é que precisamos crer em algo além da virtude das outras pessoas. O que poderia ser esse "algo além"? O cristianismo introduz as doutrinas sobre a atuação de Deus a nosso favor, não apenas no íntimo, mas nas circunstâncias externas de nossa vida. Não tentei provar que tais doutrinas são verdadeiras. No entanto, tentei demonstrar, por assim dizer, o espaço que ocupam — onde são necessárias para uma análise satisfatória da vida moral.

A PROVIDÊNCIA E A HISTÓRIA

Este capítulo precisa responder a mais uma questão. Qual é a ligação entre a providência, como a tenho definido, e a história? O capítulo 1 afirmou que a moralidade com a qual estamos habituados traz dois componentes: um conjunto de normas (e os valores que elas respaldam ou expressam) e uma diretriz organizativa. Esses componentes fundamentam-se no cristianismo; a principal base da diretriz organizativa é o mandamento para amarmos nosso próximo como a nós mesmos. Contudo, esse fundamento não é absolutamente igual à diretriz organizativa; relaciona-se a ela por meio da história. Chegamos a interpretar esse fundamento sob a luz da diretriz organizativa, ao longo dos últimos séculos.

Existem dois erros extremos nos quais podemos cair ao raciocinar sobre essa relação. O primeiro erro é supor que o cerne da moralidade que conhecemos foi sempre visto como seu fundamento e que a história produziu apenas diferenças de menor importância. O segundo erro reside em pensar que a moralidade a que estamos habituados é tão-somente nossa, como se a tivéssemos recebido por um simples acidente histórico. Isso significa pensar que a moralidade com que estamos acostumados não possui um valor especial, apesar de raciocinarmos moralmente, como fazemos, por causa de nosso contexto histórico. Acredito que a noção de providência nos dá um caminho entre esses dois erros, embora isso não resolva todos os problemas.

O primeiro erro, de reduzir toda a história da moralidade ao nosso próprio enfoque, é arrogante. Não enxerga o fato de que perdemos muitas coisas moralmente valiosas em nossa transição para um mundo moderno. Também não enxerga o valor de muitas coisas no mundo que não pertencem à nossa própria tradição. Tentarei exemplificar esses dois tipos de cegueira, embora não possa fazer de conta que meu próprio entendimento seja imune às influências de minha formação cultural. Vejamos um exemplo do primeiro tipo: nós, habitantes do mundo moderno, aprendemos mais a respeito do valor individual de mulheres e crianças, mas também perdemos a noção de laços familiares. O mesmo processo, que nos revelou algo novo, encobriu algo antigo. É bom que as pessoas não sejam aprisionadas em relacionamentos familiares ultrajantes, mas, quando se torna muito fácil optar por dividir a família, fica difícil preservar até mesmo bons relacionamentos. Soube do segundo tipo de cegueira quando vivia na Índia e tentava praticar um exercício de meditação. Com um sucesso bastante limitado, e apesar disso, comecei a vislumbrar a possibilidade e o valor de um tipo de esvaziamento do eu, mais radical que qualquer coisa que tivesse experimentado na cultura ocidental. Penso que há uma verdade importante aqui, difícil de ser captada por um ocidental, ainda que haja perigos.

Dizer que a moralidade que conhecemos é *originalmente* nossa é um erro no sentido oposto, um equívoco que traduz uma extrema falta de confiança. É verdade que não podemos justificar nossa moralidade sem, imediatamente, tecermos conjecturas a esse respeito. Da mesma forma, não podemos justificar os princípios básicos de nossa ciência sem pressupormos esses mesmos princípios nessa justificação. Mas nem por isso os princípios da nossa ciência e da nossa moralidade são simples conceitos culturais. Devemos ter visto algo verdadeiro, mesmo que não possamos justificá-lo de forma independente. E existem algumas verificações que podemos fazer. Podemos primeiramente perguntar se determinada norma faz parte de um conjunto comum de normas, que parecem estar presentes em todas as culturas. Ou se a norma pode ser uma versão daquelas normas comuns que se aplicam a nossas circunstâncias específicas. Por exemplo, a norma que exige veredicto unânime para a aplicação de pena capital aplica a norma comum contrária à morte de inocentes. Assim, podemos ficar seguros de que a norma comum, pelo menos, não é distorcida por preferências locais.

Mas imagine que uma norma não seja apenas a aplicação específica da norma comum, mas que vá além do conjunto de normas usuais. Igualdade humana é uma dessas normas. Então, como justificamos a confiança que temos nela? Algo que podemos fazer é verificar se há alguma contradição intrínseca, ou algum argumento convincente em oposição, extraído de normas que endossamos. Eventualmente, ocorrerão conflitos entre o modo de vida tradicional no lugar onde vivemos e algumas normas recentes que passamos a levar em consideração. Em Homero, por exemplo, havia normas de excelência aristocrática que restringiam a virtude aos nascidos em famílias nobres específicas. Isso não condizia com os ideais mais democráticos que já ganhavam a Grécia, um século após a composição dos épicos de Homero, e que começaram a oferecer a possibilidade de excelência fora da nobreza. Quem tivesse vivido naquele momento de transição, ao ver os quadros contraditórios, poderia perguntar: "Um dos dois possui melhores recursos para explicar o outro?". Creio que se poderia argumentar (como de fato ocorreu) que essa nova importância que o povo comum sentia tinha um valor que os antigos ideais não podiam elucidar, e que todas as tentativas de negá-la não passavam de opressão.

No entanto, argumentos dessa natureza serão sempre hesitantes. No fim das contas, temos de ter fé que nossas normas são aprovadas pelas ponderações que mencionei, pois vivermos por elas está bem para nós. Para mim, isso é um tipo de fé na providência. Fé em que viver do modo que aprovamos após as devidas ponderações condiz com o modo como devemos de fato viver, uma vez que demos o melhor de nós nessas ponderações. Essa fé enxerga o que chamei de diretriz organizativa como um dom ou chamado para nós. Não nega que esse chamado chega até nós pela nossa história pessoal, visto que nem todas as pessoas em todas as épocas o ouviram. Mas estabelece a autoridade dessa diretriz além da história. Isso será chocante para aqueles que não crêem nisso por causa da arrogância. Assemelha-se a pegar nossas principais convicções e batizá-las em nome de Deus. É isso que os fanáticos continuamente fazem, e precisamos reagir a essa acusação. Os próximos cinco capítulos argumentam que não podemos encontrar uma boa fonte para a autoridade da moralidade nas outras opções propostas. Se esses argumentos lograrem êxito, e não tivermos alternativa a propor, nos restará ou Deus ou negar toda a autoridade da moralidade.

Como seria assumir essa segunda posição, de que a moralidade não possui nenhuma autoridade? Significaria dizer: "Não há nenhum motivo específico para sermos éticos. É apenas uma questão de gosto. Algumas pessoas sentem-se atraídas pela retidão moral, outras pelo prazer estético, e outras por ganhar muito dinheiro. Não há mais nada a ser dito. Logicamente, se você é atraído para a retidão moral, pensará que ser moralmente bom é a coisa mais importante do mundo. Mas isso não significa que sua preferência tem qualquer autoridade especial". Repare que isso não é o mesmo que dizer: "É mais do que óbvio que devemos ser éticos", que nos apresenta uma resposta para a questão (uma resposta avaliada no capítulo 6 como sendo inadequada). Rejeitar a autoridade da moralidade é dizer, antes de tudo, que não há resposta alguma para a questão: "Por que deveríamos ser éticos?". E não porque a resposta é óbvia, mas porque a moralidade é verdadeiramente opcional. Entretanto, não vejo como o compromisso de levar uma vida moral pode ser sustentado sem a percepção de que isso se fundamenta em algo mais que a preferência ou o gosto de uma pessoa. Talvez isso ocorra simplesmente porque eu seja moralmente mais frágil que as outras pessoas. Mas minha experiência com as pessoas de meu convívio não me faz pensar que sou incomum nesse aspecto. A experiência de uma vida moral traz submissão a algo maior que você. Não podemos remover essa característica sem alterar radicalmente a natureza da vida moral. A questão resume-se no que pode ser esse "algo maior". As respostas: "natureza humana", "razão" e "nossa comunidade" são os temas dos capítulos 7, 8 e 9.

Ficamos, então, com uma situação parecida com a descrita em termos de "já" e "ainda não", em nossa abordagem da doutrina da justificação, no capítulo 3, e do Reino de Deus neste capítulo. Recebemos o chamado para sermos moralmente bons e, ao longo da história, temos interpretado isso de diversas formas. O modo de interpretarmos isso está sujeito a erro, e podemos encontrar em nossa história todos os tipos de abusos e falta de discernimento. Mas precisamos acreditar que a forma como compreendemos o chamado "já" é fidedigna, apesar de "ainda não" o termos compreendido em sua plenitude. O principal assunto deste capítulo foi a fé moral. A última seção refere-se ao que chamaríamos de "esperança moral", a convicção de que, ao final, veremos que a interpretação desse chamado, que consideramos forçosa para nós, condiz com o modo como deveríamos viver na prática por toda a nossa vida.

Os primeiros quatro capítulos do livro compõem a primeira dessas duas partes principais. A questão "Como podemos ser moralmente bons?" levantou o problema da lacuna moral. O capítulo 2 mencionou três propostas sobre como poderíamos lidar com esse problema sem Deus. O capítulo 3 descreveu três doutrinas cristãs sobre como poderíamos solucionar a lacuna com o auxílio de Deus. O presente capítulo sugeriu que pessoas comprometidas com uma vida moral precisam crer na providência não apenas para suas transformações íntimas, mas também para as circunstâncias externas da vida humana. A segunda parte principal do livro tratará de uma questão diferente: "Por que devemos ser moralmente bons?". As duas questões se relacionam: se não pudermos ser moralmente bons, a questão do porquê nem chega a surgir. Agora que já discutimos a primeira questão, podemos passar à segunda.

5

A AUTORIDADE DA MORALIDADE

A SEGUNDA PARTE PRINCIPAL deste livro começa com este capítulo. A primeira parte principal questionou se podemos ser moralmente bons sem o auxílio de Deus. A segunda parte é sobre a autoridade da moralidade e se podemos explicá-la sem Deus. Suponha que eu lhe pergunte: "Por que eu deveria ser ético?". Poderia lhe perguntar muitas coisas diferentes; por exemplo, "Por que me interessa ser ético?", ou "Por que ser ético tem a possibilidade de fazer-me feliz?". Essas questões são importantes, e o capítulo 4 expôs que precisamos crer que a moralidade é compatível com nossa felicidade. Entretanto, se as argumentações da primeira parte do capítulo 4 estavam corretas, minha motivação pode ter origem em outros fatores que não meu próprio proveito e felicidade. Posso amar o que é essencialmente bom sem levar em conta minha própria felicidade. O capítulo 1 citou que a moralidade importa-se com o bem-estar dos seres humanos, considerando que todos são valiosos e únicos. Posso importar-me com isso, a despeito de sua relevância para minha felicidade, exceto quando sou um em meio a muitos outros. Então nos deparamos com a questão de como deveríamos atribuir importância à moralidade e à felicidade. Quando pergunto: "Por que eu deveria ser ético?", deveria, então, estar perguntando: "Por que eu deveria dar maior importância à moralidade?". Talvez me encontre numa situação em que a moralidade exija de mim algo difícil e, nesse momento, quero tirar férias dela. Quero permitir que minha felicidade venha em primeiro lugar.

Rosa tira um cochilo quando chega em casa, após um cansativo dia na escola. Sabe que deveria levantar-se e preparar-se para a aula do dia seguinte. Somente haverá tempo para fazer um bom trabalho se a tarefa começar imediatamente. Mas parece tão difícil, e a expectativa de um pouco mais de sono aparenta-se bem atraente. Ela não nega que preparar o material é o que dita o dever, mas pergunta a si mesma: "Por que tenho sempre de fazer meu dever?".

Alguns filósofos têm negado que uma pergunta assim faça sentido. Não fará sentido algum se a felicidade de uma pessoa for sua única fonte de motivação. Nesse caso, não poderá haver o tipo de classificação entre moralidade e felicidade que a pergunta implica. Porém, ainda que admitíssemos que ela pode ser atraída para a moralidade a despeito de sua felicidade, poderíamos ter dúvidas sobre essa questão. O que ela quer dizer com "tenho", quando pergunta: "Por que tenho sempre de fazer meu dever?". Ela pode querer dizer: "Por que tenho de fazê-lo, se quero ser feliz?", ou "Por que tenho de fazê-lo, se quero ser boa?". Mas a primeira delas parece ser uma questão diferente. Ela pergunta por que o dever tinha de vir em primeiro lugar, mesmo que pareça não fazê-la feliz. E a segunda é enigmática. "Por que tenho de fazê-lo, se quero ser boa?" é uma pergunta esquisita, pois cumprir seu dever é parte do que ela entende por ser boa. Seria como perguntar por que a moralidade requer que ela seja ética.

Examinaremos cinco respostas diferentes para a questão "Por que eu deveria ser ético?". Não há aqui a pretensão de que essa seja uma lista de todas as respostas possíveis. Mas o fato de as pessoas terem continuamente tentado responder a essa questão de todas essas formas indica que ela é, pelo menos, coerente. Todas são sugestões sobre o que dá autoridade à moralidade. Uma delas afirma que a autoridade é óbvia: apenas sabemos, por intuição, que somos restringidos pela moralidade, assim como confiamos intuitivamente nas informações de nossos sentidos. Outra resposta diz que podemos inferir a autoridade da moralidade a partir da natureza humana: podemos saber que deveríamos ser éticos, ao deduzi-lo a partir do fato de que somos humanos. Já uma terceira resposta respalda a autoridade da moralidade com a razão: qualquer ser racional está sob o domínio da moralidade, simplesmente por ser racional. A quarta alternativa é encontrar a autoridade da moralidade na comunidade: nossa identidade é formada pela comunidade a que pertencemos, e deveríamos ser éticos a fim de sermos fiéis a essa formação. Por fim, poderíamos respaldar a autoridade da moralidade na vontade de Deus: se Deus nos ordena ou convida a fazer algo, isso é obrigatório para nós. Examinaremos uma resposta de cada vez, e defenderei que cada uma das primeiras quatro respostas é inadequada. Concluirei descrevendo em maiores detalhes a quinta resposta: a teoria do ordenamento divino, ou do chamado divino, para a obrigação moral.

Este capítulo meramente apresenta esses tópicos; não traz uma abordagem completa e individual deles. Os próximos quatro capítulos, entretanto, são dedicados às primeiras quatro respostas com mais minúcias, sendo uma em cada capítulo. E esses capítulos ainda trazem algo mais. Relacionam as quatro respostas a quatro coisas importantes que "nós" desejamos encontrar na moralidade: transcendência, realização, significado e sentimento de integração. O capítulo 6 trata a idéia de que a existência da bondade (inclusive a bondade moral) nos transcende, atraindo-nos tal qual um ímã atrai o ferro. O capítulo 7 explora a idéia de que a moralidade completa a natureza humana. O capítulo 8 examina o ideal racional, em relação a como nossa vida pode ser importante. O capítulo 9 analisa como a comunidade nos traz um sentimento de integração, mas também apresenta os perigos do relativismo e da exclusividade. Esses quatro capítulos defendem que entenderemos melhor a relação da moralidade com a transcendência, a realização, o significado e um sentimento de integração, se pensarmos na moralidade como um chamado de Deus. O último capítulo discute como esse chamado relaciona-se com nossa reação. Assim, o capítulo atual é uma espécie de guia introdutório para a segunda parte deste livro, trazendo um resumo de cada um dos capítulos seguintes. O encerramento de cada seção identifica a forma como as respostas propostas à questão da autoridade se associam com os quatro itens que queremos achar na moralidade.

PERCEPÇÃO MORAL

Uma sugestão diz que a autoridade da moralidade é intuitivamente óbvia e, portanto, não necessita de comprovação. Afinal, uma comprovação tem que finalizar em algum lugar. Trata-se de um conceito universal na filosofia. Se você precisa provar tudo, não consegue provar nada. Em algum lugar, é necessário achar um ponto pacífico em suas convicções, que sirva como ponto de partida sem necessidade de comprovações. Quiçá a convicção de Rosa, de que deveria levantar-se e preparar-se para a aula, seja uma dessas crenças fundamentais. Uma boa analogia seria a percepção sensitiva. Se através de minha janela avisto um pintassilgo sobre um galho, não preciso esperar para crer que o pássaro está realmente lá. Não preciso aguardar que isso seja comprovado por algo mais categórico que minha primeira percepção. Minha convicção, a partir da percepção original, não tem como ser mais primordial.

Isso não significa que a crença baseada na percepção pessoal seja infalível. Posso ser vítima de um logro. Talvez um de meus vizinhos (sabendo que sou filósofo e que defendo a confiabilidade fundamental da percepção sensitiva) tenha preparado um dispositivo complexo envolvendo um holograma, a fim de fazer-me pensar que há um pintassilgo onde, na verdade, não existe nada. Mas, na ausência de circunstâncias específicas, como um vizinho enganador ou o ar quente do deserto, que se ergue causando a ilusão de ótica de um oásis, é razoável que eu estabeleça convicções ao dar-me conta de algo. A autoridade da moralidade é assim? Há bondade moral ao meu redor, a qual percebo ou intuo? E, dessa forma, será que essa sensação me provê de convicções fundamentais, assim como a visão e a audição?

Uma teoria de Platão supõe uma forte analogia entre sensação e avaliação. Compara o que percebemos neste mundo por meio da visão com uma "visão" intelectual das Formas, que são versões perfeitas de suas cópias materiais imperfeitas que percebemos aqui. As Formas existem em um mundo próprio e perfeito, e sua existência é completamente independente de nós. Continuariam a existir ainda que todos perecêssemos. Por exemplo, existe a Forma perfeita da Esfera e a Forma perfeita do Vermelho, e percebemos objetos esféricos avermelhados como bolas de sinuca como algo aproximadamente esférico e vermelho, porque já vimos as Formas de maneira intelectual. Vemos as coisas aqui na terra, grosso modo, como boas, porque já vimos a Forma de Deus. Imagine que Platão esteja certo acerca do modo como vemos a redondeza e a vermelhidão. Ele também estará certo em afirmar que temos um tipo especial de visão que, em vez de formatos e cores, divisa a bondade como se fosse um objeto?

A analogia é problemática. Não me recordo de já ter acordado pela manhã com uma completa falta de confiança em minha capacidade de ver, ouvir, tocar, saborear ou cheirar o que realmente existe. Posso imaginar circunstâncias nas quais enfrentaria essa falta de fé; poderia, por exemplo, ser usuário de drogas alucinógenas ou estar recuperando a consciência após uma anestesia geral. Mas são situações tão anômalas quanto o holograma e a ilusão de ótica. Por outro lado, a autoridade da moralidade é questionada a todo momento. Rosa não tem dúvidas de que a moralidade lhe diz que se levante e prepare o necessário para a aula do dia seguinte, mas pode sempre dizer a si mesma: "Tanto pior para a moralidade", rolar para o lado e voltar a dormir. Posteriormente, ao lembrar-se do ocorrido, pode pensar que isso é errado e um sinal de caráter fraco, mas nada que pareça anormal.

As pessoas são muito diferentes umas das outras. Algumas resolvem que não podem dormir caso não consigam lembrar se escovaram os dentes. Seu senso de dever é tão forte que as impede de fazer o que sabem ser de certa forma mais importante: preparar-se para dormir. Por outro lado, existem pessoas sem nenhuma consciência aparente do que é certo ou errado. Talvez haja uma "semente de bondade" escondida profundamente em cada uma delas, de modo que ainda possam ouvir a voz da lei moral ou receber o sinal que ela transmite. Mas ou essa voz é ignorada por completo ou tornou-se tão débil que soa mais como uma lembrança irritante do modo que costumavam ser, e não um sinal que recebem nesse mesmo instante. Receptividade adequada em questões morais não exige apenas que o receptor esteja em boas condições, mas, também, a ação da vontade.

De certa forma, isso também é verdadeiro com a percepção sensitiva. Muitas vezes, tenho de escolher prestar atenção em algo, se for para ouvir ou assistir adequadamente. Mas, logo que os olhos e ouvidos estiverem abertos e funcionando de maneira correta, a vontade já não precisará estar ativamente envolvida na recepção da informação e no reconhecimento de suas afirmações valiosas para que eu creia. Tratando-se da autoridade da moralidade, falamos de uma classificação que se estende até a vontade. Enquanto Rosa está na cama, pensando se vai levantar-se, ocorre um conflito entre duas motivações em sua vontade; em linhas gerais, entre sua felicidade e seu dever, com sua vontade elegendo uma ou outra. Aqui, o conceito de vontade fica um pouco nebuloso. Voltaremos a ele no capítulo 6, que trata da relação, no discernimento moral, entre a percepção moral e a decisão. Defenderei que, ao tomarmos uma decisão moral, estamos confirmando em nossa vontade a primeira resposta pré-reflexiva a um valor transcendental que percebemos. Explicarei os detalhes desse enfoque naquele capítulo.

Por enquanto, a questão é: validar minha percepção do pintassilgo e validar a percepção de que devo levantar-me são coisas muito diferentes. "Sua autoridade é óbvia" é uma boa resposta à pergunta: "Por que deveria confiar em meus sentidos?". Receptores sensitivos servem para perceber, e, na ausência de circunstâncias especiais, é simplesmente absurdo duvidar do que sentimos. Mas isso não parece ser uma boa resposta para a pergunta:

"Por que eu deveria ser ético?", porque a resposta ética — por exemplo, a decisão de Rosa: "Deveria levantar-me da cama e cumprir meu dever" — não demanda apenas a recepção de sinais da lei moral, mas escolha, ou confirmação ponderada. Nesse ponto realmente surgem dúvidas, e a vontade precisa receber algo para responder a elas. Não basta dizer-lhe: "É óbvio".

Outra forma de apresentar a diferença entre moralidade e percepção sensitiva é falar da doutrina cristã do pecado. Vamos supor que contamos com um receptor moral chamado intuição, o qual se parece com nossos sentidos (visão, audição etc.). Na verdade, considero isso uma simplificação excessiva, mas tal não importa por ora. A doutrina cristã do pecado, de acordo com uma de suas interpretações, estabelece que todas as funções humanas foram corrompidas pela Queda, até mesmo os sentidos. Mas os efeitos da Queda não são percebidos da mesma maneira em todas essas funções. O efeito é mais poderoso nas funções mais próximas da vontade, visto que a vontade foi a origem da escolha de desobedecer a Deus. Logo, se temos um sentido moral, ou uma intuição moral, e se ele está vinculado à vontade no julgamento moral, como afirmei, deveríamos esperar que o pecado fosse mais evidente aqui.

E, na verdade, é isso que constatamos. As decisões que tomamos sobre questões éticas são muito menos confiáveis que as que tomamos sobre o mundo visível ou audível. Quando leio no trabalho de um historiador da Antigüidade (como Xenofonte) que, após sua longa retirada, as tropas gregas por fim viram o mar, não duvido de que isso tenha acontecido (a menos que tenha razões para considerar duvidosa essa história em particular). Mas suponha que eu leia em um moralista da Antigüidade (como Aristóteles) que o indivíduo magnânimo tem razão em menosprezar os outros, visto que suas convicções sobre sua excelência e superioridade são verdadeiras, mesmo que a maioria das pessoas esteja errada em considerar-se excelente. Nesse caso, suspeitarei que por trás dessa visão há um sistema de castas, que recompensa a elite com honras e riquezas. A doutrina do pecado explica essa diferença ao afirmar que o julgamento moral é muito mais propenso a ser corrupto.

A sensação de que correspondemos a valores transcendentais quando tomamos decisões morais está correta. O problema, entretanto, é que nossos receptores são sistematicamente imperfeitos. As pessoas habitualmente cometem erros monstruosos no que percebem ser bom e confundem percepções com fantasias agradáveis. Precisamos de algum tipo de processo seletivo para dizer-nos quando confirmar nossa percepção de valores ou suspeitar dela. Um possível procedimento é perguntar se nossa percepção condiz com o que sabemos do chamado de Deus. Haveria ainda outras possibilidades. Poderíamos questionar se tal percepção combina com nossa natureza, se é lógica, ou se é adequada aos padrões de nossa comunidade. De qualquer maneira, algum procedimento dessa natureza demonstra ser necessário. Diferentemente da percepção sensitiva, não basta dizer simplesmente que nossa percepção de valores é basicamente confiável.

NATUREZA HUMANA

Uma segunda proposta é que podemos inferir a autoridade da moralidade a partir da natureza humana. Aristóteles, nascido cerca de 50 anos após Platão, propôs que podíamos começar examinando as tendências naturais do homem, ou aquilo que se almeja em sua concepção de uma boa vida. Então, o que é bom satisfará essas tendências ou objetivos, visto que cumprirá (ou atenderá) nossa natureza. Se estamos naturalmente inclinados para a moralidade, ou se visamos alcançá-la, podemos concluir que deveríamos ser éticos a fim de sermos humanos. Uma forma de expressar isso seria: "Seja o que você é". O *slogan* tem aparência de paradoxo, pois se você é, digamos, loiro, então já é loiro. Não faz muito sentido dizer-lhe que seja loiro, a menos que queiramos orientá-lo a mudar a cor dos cabelos. Mas o vocábulo *humano* não é exatamente igual a *loiro*. O termo *humano* já traz uma instrução que lhe é inerente. Isso é verdadeiro para todos os vocábulos que denominam espécies biológicas, como mencionei nos argumentos sobre justificação, no capítulo 3. Imagine que eu veja uma bolota, ou fruto do carvalho, no solo. Ela já possui toda a informação genética que me possibilita chamá-la de carvalho. Mas não é um carvalho perfeito ou completo até que tenha afundado suas raízes e se transformado em uma árvore; essa é a instrução que ela segue. Assim, para um ser humano, a instrução "seja o que você é" significa "siga as instruções determinadas por sua natureza". O capítulo 7 defende a afirmação de que a vida dirige, ou aponta, nessa direção. Mas não creio que essa afirmação (ainda que verdadeira) nos dê o tipo certo de resposta para a questão formulada: "Por que eu deveria ser ético?".

O problema é que as instruções com as quais nascemos não possuem o tipo certo de autoridade. A autoridade é uma medida de direito, não de poder. Posso estar sob o controle de outra pessoa, ou de algum vício pessoal que exerce domínio quase absoluto sobre mim, mas que não dispõe de autoridade para controlar minha vida. O poder não faz com que seja certo. Temos de diferenciar as situações em que o poder possui autoridade daquelas em que não possui. Antes de fazermos essa diferenciação no que se refere a nossas inclinações naturais, devemos perguntar o que são inclinações naturais. Isso é difícil, pois aqui existem noções conflitantes de natureza. Existe grande diferença entre a natureza que Deus criou e aquilo em que a natureza se tornou após a Queda. Para os propósitos deste capítulo, não faz diferença se dizemos que a Queda foi um acontecimento com tempo e lugar determinados (jardim do Éden) ou que é uma estrutura atual de toda a ordem criada, e não um evento isolado no tempo e no espaço. A diferença entre uma e outra será a mesma em qualquer dos casos.

A mesma distinção pode ser feita sem alusões a Deus ou à criação. O filósofo Immanuel Kant diz que nós, seres humanos, nascemos com uma predisposição inicial para o bem e, sobrepondo-se a isso, com uma propensão para o mal. Essa propensão significa que as sementes iniciais de bondade, a predisposição, não têm meios de crescer o tanto que poderiam em uma vida boa. São obstadas pela propensão para o mal, que nos faz preferir ou posicionar nossa felicidade acima do dever. Então, como descreveríamos nossas inclinações *naturais*? Poderíamos estipular que "o natural" é estar limitado à predisposição para o bem. Então, se poderia concluir efetivamente que o objeto de tais tendências é bom. Mas o problema é que a natureza com que nascemos é mesclada; contém tanto predisposição como propensão. Sentimo-nos inclinados tanto para o bem como para o mal e, em nosso processo decisório, temos tendência maior a nos pôr em primeiro lugar, em vez daquilo que é intrinsecamente bom. Isso significa que a tendência que nos é inerente tem poder sobre nós, mas não autoridade.

O próprio sistema ético de Aristóteles é um excelente exemplo. Ele identifica a busca de poder e prestígio como inclinações naturais. Uma vez que considera o homem naturalmente inclinado para seu próprio bem, sua descrição do que há de mais virtuoso em um homem inclui poder e prestígio. Não acredita que a maioria das pessoas o alcance, mas é isso o que quase todos querem. Aristóteles entende que somente o homem completamente virtuoso guarda o que há de melhor no ser humano, e a virtude em sua plenitude inclui magnificência e magnanimidade; ambas demandam riquezas e elevada posição social. Mas o problema com a visão de Aristóteles é que poder e prestígio assumem caráter competitivo, no sentido de que uma pessoa os possui somente se os outros não os possuírem (ou os possuírem em menor escala). Líderes precisam de seguidores, e elites sociais precisam das massas para admirá-las. Na descrição do capítulo 1, a moralidade exige que atribuamos a todos os seres humanos o mesmo valor. O capítulo 4 expande essa exigência, incluindo que devemos considerar todos os seres humanos capazes para a virtude. Mas isso é incoerente com o raciocínio de que a maioria das pessoas fica de fora da mais importante virtude humana. Não acredito que Aristóteles esteja errado ao afirmar que buscamos naturalmente poder e prestígio; nós obviamente os buscamos. O filósofo, no entanto, está errado ao imaginar que, uma vez que os buscamos, trata-se de objetivos virtuosos.

Uma questão vital é como determinar o que buscamos naturalmente. Algumas formas contemporâneas de teoria ética afirmam encontrar ética em uma visão evolucionária da natureza humana. Discutimos algumas versões dessa visão no capítulo 2. Elas supõem, como Aristóteles, que buscamos naturalmente o bem. Mas, ao contrário do pensador grego, imaginam que podemos descobrir quais são nossas inclinações naturais ao observar os longos estágios de caçador-coletor na história humana. Afirmam que, nesses períodos, a pressão evolucionária produziu a maior parte de seus efeitos. Por isso, Larry Arnhart, em *Darwinian natural right* [*Direito natural darwiniano*], apresenta uma lista de nossos desejos naturais. Essa lista inclui o desejo de *status* social, de governança política (embora ele diga tratar-se de desejo natural masculino, não feminino), da guerra (mais uma vez um desejo masculino) e da riqueza (ou seja, posses suficientes para obter uma boa vida e exibir *status* social). Ao extrairmos a ética dessa lista, não nos surpreende o fato de as exigências morais serem reduzidas. Não precisaremos, por exemplo, amar nossos inimigos ou alimentar os famintos do resto do mundo. Meu parecer sobre essas teorias é que a ciência difere de Aristóteles, mas o equívoco filosófico é o mesmo.

Acredito que está correta a noção de que a moralidade completa a natureza humana. Mas o problema reside em determinar a respeito de que natureza humana estamos falando. Uma possibilidade é a natureza com que Deus nos criou. Se estivermos nos referindo a essa, podemos efetivamente dizer que Deus nos chama para o tipo de vida que se encaixa como uma luva em nossa natureza. Quando seguimos o chamado de Deus, prosperamos e podemos ver como temos todo o necessário para vivermos bem com a ajuda de Deus. Mas, se temos em mente a natureza com que nascemos, trata-se de uma mistura (como diz Kant); o que agrada a uma parte da mistura pode destruir o resto. Então, precisamos de algum tipo de teste, externo à nossa natureza inata, para determinar diante de que parte devemos confiar e diante de que parte devemos mostrar resistência.

RAZÃO

Uma terceira sugestão dita que podemos fundamentar a autoridade da moralidade na razão. Existem muitas concepções distintas de razão, mesmo na história do cristianismo. Uma delas foi formulada por Kant. Ele quis fundamentar a autoridade da moralidade em algo menos limitado que a natureza humana. A razão, em sua visão, é algo possuído não apenas pelo homem, mas também por Deus (e, possivelmente, além dos seres humanos, por outras inteligências limitadas, como os anjos). A razão raciocina de maneira universal, ou em função da lei. Assim, na ciência, não estamos muito interessados se uma pedra específica arrebenta determinada vidraça ao ser lançada com certa velocidade. A questão resume-se em saber que lei regula o impacto de projéteis com determinada massa sobre superfícies com determinada fragilidade. Não consideramos ter explicado um acontecimento específico até que o tenhamos subordinado a determinada lei. A sugestão prossegue ao afirmar que o mesmo ocorre com a moral. A razão interessa-se pela lei que controla se certo tipo de pessoa deveria agir, em certa situação, de certa maneira. Se levarmos em conta uma lei assim, teremos de desprezar qualquer referência a povos, épocas ou lugares específicos. A lei precisa governar toda e qualquer situação que se assemelhe a outras em seus aspectos principais. Precisa ser universal.

Rosa deseja estacionar seu carro, mas há uma bicicleta bem no meio da última vaga. Ela pensa em empurrar a bicicleta para o lado, a fim de prover espaço para seu carro, e (sendo uma pessoa ética) deseja verificar se agir assim é moralmente aceitável. A sugestão com que estamos lidando diz que ela pode fazê-lo, ao perguntar a si mesma se é possível definir a opção de mover a bicicleta como uma lei universal. Isso significaria determinar esse procedimento para qualquer situação semelhante nos pontos essenciais. Por exemplo, seria o mesmo que determinar esse tipo de procedimento em uma situação na qual ela não fosse a motorista, mas a dona da bicicleta. Ela se importaria com alguém que, ao precisar da vaga, movesse sua bicicleta? Em outras palavras, ela deve avaliar o procedimento como se não soubesse seu papel na situação: se motorista ou ciclista. É como a Regra de Ouro, que nos diz: "Assim, em tudo, façam aos outros o que vocês querem que eles lhes façam..." (Mt 7.12). Esse ensino exige que nos questionemos a respeito de se gostaríamos que algo fosse feito a nós se tivéssemos as preferências da pessoa atingida por nossas ações (por exemplo, o ciclista, no caso de eu ser o motorista). Mas a sugestão de Kant vai além da Regra de Ouro, pois localiza a autoridade da exigência na natureza da própria razão, que sempre visa o universal. Se Rosa pergunta: "Por que deveria importar-me se minha atitude é ou não moralmente aceitável?", a presente sugestão dita que a natureza da razão exige isso. Sua razão ordena-lhe que haja de acordo com o que seria universalmente permissível, e não que abra uma exceção para si mesma.

Quero expressar duas objeções a essa sugestão. Não são objeções à Regra de Ouro, mas ao vínculo proposto com a natureza da razão. Nem todos os preceitos morais são plenamente universais. Explico isso detalhadamente no capítulo 6, no item *The moral gap* [*A lacuna moral*]. Uma maneira de expor isso é voltar à afirmação do capítulo 1, ou seja, a moralidade valoriza nossa singularidade. Aqui temos uma divergência entre Kant e Scotus, e, na minha opinião, Scotus está certo. Para Scotus, a distinção entre os humanos é mais valiosa do que aquilo que temos em comum. Como pessoas, temos características individuais que são exclusivamente nossas, e que são mais perfeitas que a essência comum partilhada por todos os seres humanos. Se isso está correto, e se a razão lida apenas com o que é comum, deixando de lado as idiossincrasias, uma importante parte da moralidade estará além do alcance da razão. Não teremos como estabelecer relações éticas que estejam vinculadas à essência individual das pessoas, visto que essências individuais não podem ser especificadas sem que exista referência ao indivíduo.

Há uma concepção de razão diferente da formulada por Kant, a qual admite que obrigações morais particularizadas sejam racionais. Mas, ao adotarmos essa concepção, não poderemos afirmar que a razão faz o mesmo na ética e na ciência. Rosa pondera que deveria ajudar sua filha Lucy a encontrar seus sapatos, uma vez que ela está em pânico. Essa opinião pode comprometer Rosa com decisões similares, sempre que Lucy estiver com esse tipo de problema. Mas não a compromete em relação a outras pessoas, ainda que se trate de outra filha. Em outras palavras, a razão (desse tipo não-kantiana) pode respeitar a singularidade das pessoas e recusar-se a generalizar em relação a elas, apesar de generalizar em relação às situações que afetam a mesma pessoa.

Ainda há outro problema no sentido oposto — não que a razão seja muito restritiva, mas que não seja suficientemente restritiva. Uma pessoa pode resolver fazer algo, ser capaz de determinar que esse algo é uma lei universal e que as pessoas deveriam fazer tal coisa, e esse algo pode, ainda assim, não ser eticamente admissível. Um nazista fanático idealizava um mundo sem judeus. Então descobriu que tinha uma avó judia, o que, segundo a lei nazista, era suficiente para ele ser considerado judeu. Foi capaz de ser coerente a esse respeito e entregar-se às autoridades. Mas isso não significa que seu ideal genocida fosse admissível segundo a moral. A fim de passar no teste da universalização, também teria de dizer, de uma perspectiva imparcial, que é mais importante não existirem judeus do que respeitar o apego pela vida presente em todos eles. Porém, certamente, ainda que pudesse dizer isso, e de modo sincero, estaria desejando algo eticamente errado. Desse modo, fracassa a tentativa de extrair a autoridade da moralidade da natureza universalizadora da razão.

Possuímos um ideal racional de importância; idealizamos vidas que fazem sentido e valem a pena. Kant está certo quando afirma que a razão pára, dá um passo para trás e reflete. Mas *nossa* razão — aquela com que nascemos e desenvolvemos naturalmente — jamais chega à posição do observador ideal, que dispõe de todas as informações relevantes e é completamente imparcial. Esperamos que nossos planos sejam coerentes com os principais valores que partilhamos com quem está ao nosso redor; isso é grande parte do que torna a vida importante. Mas, se o capítulo 1 estava certo a respeito da diretriz organizativa, a única pessoa que poderia assegurar-nos isso seria alguém que ocupasse a posição descrita por essa diretriz. Nossa razão, na verdade, ambiciona essa posição. Mas somente Deus possui autoridade para nos assegurar que a nossa vida forma um conjunto e possui esse mérito. Além disso, somente Deus pode ver o que é próprio de cada um de nós e como nossos planos se encaixam em nossa própria natureza, assim como nos planos e idiossincrasias das outras pessoas. A sensação de importância exige que tenhamos confiança em uma harmonia de propósitos, o que nossa razão não está em posição de oferecer. O capítulo 8 examinará com mais profundidade esse assunto.

COMUNIDADE

A quarta sugestão é que podemos, numa comunidade, localizar a autoridade da moralidade. Sócrates, por exemplo, propôs que deveríamos pensar em nossa relação com a comunidade (em seu caso, Atenas) da mesma maneira que pensamos em nosso relacionamento com nossos pais. Ele não sabia nada a respeito de genética, mas conhecia o que se referia à hereditariedade. Isso pode ser expresso da seguinte forma: "Por intermédio de seus genes e da educação a mim dispensada, meus pais fizeram-me quem eu sou; e minha comunidade me molda da mesma forma, com suas leis e costumes. Moralidade é a argamassa que mantém sociedades e comunidades unidas. Devo a minha comunidade e a seus valores essenciais o tipo de respeito que se origina no fato de terem sido uma parte fundamental em minha formação".

Em uma sociedade com grande mobilidade, é fácil perder esse sentimento de lealdade. Imaginamos que podemos mudar para um lugar qualquer e fazer novos amigos e uma nova vida, e, por onde quer que passemos, escolhemos quase que a mesma variedade de restaurantes e supermercados. O que há de tão extraordinário no lugar em que crescemos? A aparente similaridade, contudo, encobre quantas possibilidades foram de fato descartadas e quanto de nossa vida ainda é emprestado de nossa criação. Visitar diferentes lugares e viver neles pode nos mostrar que muitas coisas que imaginávamos ser inevitáveis são na verdade opcionais. Essa quarta sugestão afirma que a comunidade fez de nós aquilo que somos, e a moralidade, sendo a essência da comunidade, merece, por conseqüência, nossa fidelidade.

O filósofo alemão Hegel[1], cerca de cinqüenta anos mais novo que Kant, tinha com este uma relação similar à que Aristóteles tivera com Platão; ambos profundamente influenciados por seus antecessores, mas com divergências radicais. Hegel afirmava que

[1]Este filósofo (1770–1831) propõe o desenvolvimento do Conceito, e, para expô-lo, o sistema hegeliano engloba a totalidade: exterioridade e interioridade se juntam, do mesmo modo que sujeito e objeto, no Absoluto. Sua obra considerada máxima é A *fenomenologia do espírito*. (N. do E.)

Kant não tinha dado o devido valor à posição da comunidade na vida moral, assim como Aristóteles pensava que Platão não tinha atribuído valor suficiente à nossa natureza materialista. Hegel dizia que o Estado não é uma reunião de seus cidadãos, mas um organismo; e os cidadãos eram membros desse todo orgânico. Uma criança nasce no conjunto de seu mundo cotidiano e jamais chega a pensar em si mesma como um ser à parte. Quando pode separar-se desse mundo, sua mente já está impregnada da linguagem, das idéias e das práticas de sua comunidade. Voltar-se contra isso é voltar-se contra si mesma.

Mas existe um problema, o qual ilustrarei com um exemplo. Enquanto eu crescia na Inglaterra, minha ama-seca dizia-me que os cavalheiros poliam a parte de trás de seus sapatos. Eu sabia que essa era sua forma de ensinar-me a fazer o mesmo. Dizia que as pessoas comuns engraxavam a frente e os lados dos sapatos, mas somente os cavalheiros engraxavam a parte de trás. Também me lembro que o empregado da faculdade (ao qual chamavam "scout"), que limpava meus aposentos quando ainda era aluno da graduação, numa manhã em que meu quarto estava bagunçado além do habitual, disse-me aborrecido: "Senhor, pensei que fosse um cavalheiro". Eu sabia que se tratava de uma grave condenação. No entanto, agora sei que há algo de errado em um sistema social que divide um país entre cavalheiros (e damas) e o resto das pessoas que nele vivem. Existem muitas qualidades admiráveis associadas à condição de ser um cavalheiro, mas essas qualidades confundiam-se de tal forma com segregação de classes que hoje envergonho-me de ter participado disso. Pergunto-me: que autoridade aquela forma de vida tem sobre mim atualmente? Acredito que isso será sempre importante para mim, pois fez parte de minha formação, e jamais serei capaz de eliminar sua influência. Pode ser que eu nunca venha a ignorar completamente a parte de trás dos sapatos das pessoas. Mas posso desejar poder ignorá-la. O poder residual da idéia não passa disso: poder. Não é autoridade. Para ter autoridade, precisaria de uma maneira de distinguir que parte desprezar e que parte conservar, uma maneira que não estivesse limitada a esse tipo de vida.

Ainda existe outro problema. A maioria dos leitores deste livro pertencerá a diversas comunidades ao mesmo tempo, e mesmo essas comunidades são, até certo ponto, divididas. Como deveríamos discernir que normas morais constituem nossa identidade? Por exemplo, sou atualmente tanto cidadão americano como inglês, filósofo em um departamento específico, membro de uma congregação específica, residente em uma vizinhança específica de uma cidade específica, eleitor prestes a votar em um candidato a presidente de um partido específico, além de membro de um coro semiprofissional e de diversas associações específicas. Cada uma dessas afiliações é, em certa medida, intrinsecamente dividida em grupos que competem entre si. Vejamos um caso: Alguns moradores da vizinhança querem lombadas e depressões para diminuir a velocidade dos carros, pois valorizam a paz e a segurança; outros não querem nada disso, pois valorizam a liberdade de manobras. Assim, ao pensar nas várias comunidades a que pertenço, deparo-me com uma série de valores e normas conflitantes. Como a mera condição de membro pode dar-lhes autoridade, quando a mistura resultante é tão confusa? Necessitamos uma forma de selecionar que afiliação tem autoridade e qual delas não a possui. Para Hegel, a razão podia suprir esse teste, mas duvido que seu conceito de razão pudesse ser bem-sucedido sem que ele o sofismasse. A seleção ética proposta no capítulo 1 dá-nos uma forma de decidir quando uma comunidade merece nossa fidelidade. Mas, então, ainda precisaremos responder à questão sobre o que dá autoridade à *moralidade*.

Sócrates estava certo ao dizer que sustentamos com nossa comunidade um relacionamento semelhante ao que sustentamos com nossos pais. O sentimento de integração é um presente valioso com o qual a moralidade pode agraciar-nos, por causa de seu papel como argamassa social. É possível que as pessoas efetivamente tenham uma obrigação inicial de lealdade para com suas comunidades e seus padrões, a menos que se exija delas (tal qual Atenas com Sócrates) que façam algo de errado. Mas as comunidades nas quais realmente nascemos são uma mistura, assim como a natureza com que nascemos e nossa verdadeira razão. Em todos esses casos, não conseguimos chegar a uma fonte para a moralidade, a menos que adicionemos algo mais.

O CHAMADO DE DEUS

A quinta sugestão a respeito da fonte de autoridade da moralidade é o que torna algo obrigatório para nós; é o que Deus nos ordena, ou para o que nos chama. Prefiro a expressão "chamar" a "ordenar", porque desejo enfatizar, em lugar da relação de poder, a relação de amor de Deus conosco. Em vez de dizer que sou criado por meus pais ou por minha comunidade, essa última sugestão diz que sou criado por Deus, e que é a relação de Deus comigo que dá à moralidade autoridade sobre mim. A moralidade tem autoridade porque é o caminho que Deus quis que eu tomasse, rumo a meu derradeiro fim, que é estar em união com Deus.

Suponha que perguntemos: "Por que Deus nos criou?". De acordo com a tradicional doutrina cristã da criação, Deus não tinha, de modo algum, necessidade de nos criar. Deus poderia viver por toda a eternidade no amor mútuo das três pessoas da Trindade. Não havia necessidade alguma que obrigasse Deus a criar-nos diferentes dele. Então, por que Deus nos criou? Não temos acesso à mente de Deus no que se refere a essa questão e deveríamos ser cautelosos ao tentar achar uma resposta para ela. Apesar de tudo, algumas respostas têm sido sugeridas. Mencionarei algumas e, então, oferecerei minha própria resposta, que se fundamenta numa peculiaridade extraída do trabalho de Duns Scotus. Talvez Deus nos tenha criado apenas para termos outras pessoas às quais amar. Ou talvez sua finalidade tenha sido expressar o amor divino. Pode ser que Deus nos tenha criado para aumentar sua glória divina. O problema com esses conceitos é que, se imaginarmos seres humanos tendo filhos por motivos semelhantes, eles parecerão extremamente egoístas. Razões dessa natureza sem dúvida motivam as pessoas a terem filhos, mas elas não parecem valorizar seus filhos de maneira correta. Uma resposta para essa dificuldade seria dizer que Deus é diferente de nós nesse aspecto. Talvez o conceito de egoísmo não faça sentido, quando utilizado como um insulto a Deus.

Outra resposta tradicional reza que o amor de Deus transborda por conta própria para a criação, sem nenhuma causa "velada". Poderíamos dizer que o amor é inerentemente criador. Mas uma visão assim parece tornar a criação por demais automática, como se amar estivesse sujeito a um tipo de força gravitacional. Uma força que arrasta de maneira irresistível aquele que ama para a produção de novos entes e pessoas. Precisamos conservar a idéia da liberdade de Deus na criação, e é difícil imaginarmos qualquer forma de liberdade que não envolva motivação ou propósito.

Portanto, eis outra resposta para adicionarmos às demais: Deus criou por amor àquilo que criou. A expressão "por amor a" dá-nos o propósito; porém, ela pode ser usada de várias formas, e seria proveitoso fazer a diferenciação, assim como fez Scotus. Posso ir atrás de algo em prol de outra coisa qualquer quando vejo a primeira como um meio de alcançar a segunda; como ir ao dentista em prol de uma saúde dental futura. Ou, quem sabe, a primeira coisa faça parte da segunda, como ir a Timbuktu para viver uma aventura. Mas o que penso da compreensão da criação difere de cada um desses exemplos. Posso fazer algo pelo bem de alguém, quando não há nenhuma auto-referência envolvida. Rosa pode ajudar sua filha a procurar por seus sapatos tão-somente pelo bem da filha. Esta é uma importante característica da descrição de motivação que extraí de Scotus: que podemos ser inspirados pelo bem em si (e pelo bem de outra pessoa, diz ele), sem levar em conta seus efeitos em nossa própria felicidade. Creio que Deus pode ser inspirado a criar em função do amor que sente pelo que cria, apesar de não haver nada para amar "antes" da criação. Se isso está correto, podemos ver a criação como uma forma de autolimitação, do mesmo modo que nos limitamos ao amar outro alguém, pelo bem desse outro alguém. Deus torna-se suscetível a ser decepcionado pelos mesmos seres que motivaram a criação.

Isso pode nos ajudar a compreender como imaginamos Deus ao amar os outros. Afirmo que Deus nos cria para nosso próprio bem, então deseja que voltemos ao lugar de onde saímos, para estar em união com ele. Scotus diz que nosso fim é sermos coparticipantes do amor de Deus e, assim, integrarmos o amor entre as pessoas da Trindade. A rota determinada por Deus para esse destino inclui a moralidade. O capítulo 1 descreve três características do tipo de seleção que a moralidade propicia. Tentamos olhar a partir de uma perspectiva do todo. Tentamos atribuir o mesmo valor a todas as pessoas, sem tomar privilégio algum para nós. E tentamos respeitar a singularidade de cada um. Agora podemos enxergar como em todos esses atributos tentamos imaginar ou repetir a atitude de Deus para conosco, na criação e na providência. Deus enxerga o todo, e tentamos nos aproximar de sua visão de uma maneira por demais imperfeita. Deus cria todos os seres humanos igualmente à sua imagem. Tentamos atribuir o mesmo valor a todas as pessoas, e a tarefa mais difícil nesse processo é amar o próximo como a nós mesmos. Aqui imaginamos a ação autolimitante de Deus: amar o outro pelo bem do outro. Por fim, a singularidade de cada pessoa é a essência do indivíduo, o nome de cada um escrito em uma pedra branca, conforme o Apocalipse. O chamado de Deus dirigido a cada pessoa é para tornar-se esse nome, e, como disse Hopkins, no poema citado no capítulo 3, a tarefa é "expressa-se". Ao respeitar a singularidade dos outros, honramos esse chamado.

Para resumir: Quando selecionamos, conforme a ética, as alternativas de como agir e como viver, estamos tentando repetir a vontade de Deus em nossa vontade. É necessário adicionarmos ainda outra ressalva, mais uma vez extraída de Scotus. A vontade que tentamos repetir não é exatamente a vontade de Deus, por causa da lacuna que existe entre nós. É a vontade de Deus para nossa vontade, e é isso que ouvimos como chamado de Deus.

6

BONDADE

O CAPÍTULO 5 PROPÔS CINCO sugestões a respeito de como a moralidade obtém sua autoridade. A primeira dizia que sua autoridade é tão óbvia como a da percepção sensitiva. Ao ver um pintassilgo encarapitado na árvore do lado de fora de minha janela, seria tolice questionar a autoridade dessa percepção, a não ser diante de circunstâncias excepcionais (como um vizinho mal-intencionado munido de projetor de hologramas). Será que possuo algo como uma percepção moral que redunda em julgamento moral, por exemplo, de que meu vizinho é mal-intencionado, ou de que Rosa é uma boa mulher? E, sendo esse o caso, essa percepção moral tem o mesmo tipo de autoridade que a percepção sensitiva?

Este capítulo defende a existência de uma fonte externa de atração e repulsa que nos faz reagir, considerando algo como sendo bom ou mau. Mas, quando fazemos um julgamento moral, vamos além de apenas informar tal influência; nós a confirmamos ou recusamo-nos a confirmá-la. Em meu livro *God's call* [*O chamado de Deus*], chamei esse conceito de "realismo prescritivo".

Esse conceito discerne as várias acepções nas quais as decisões morais podem ser objetivas. Após argumentar contra a tese de que o juízo moral não passa de projeção de nossas preferências para o mundo, apresentarei a tese de que, ao fazermos julgamentos morais, tentamos associar dois centros: um interno e outro externo. O centro interno é a vontade, e o externo é a atração, que parece funcionar como um ímã. Quando fazemos um julgamento moral, estamos tentando repetir no centro interno a congruência do centro externo.

Temos, certamente, a sensação de receber um estímulo moral externo. Vemos o valentão no pátio do recreio e sentimos tanto repulsa por sua crueldade como compaixão por suas vítimas. Lemos acerca de bombeiros que sobem em arranha-céus em chamas, para resgatar pessoas encurraladas, e sentimos um misto de temor e admiração por essa coragem. A crueldade do valentão e a coragem do bombeiro parecem fazer parte do mundo ao nosso redor, impelindo-nos ao desprezo e à admiração. Se não nos sentimos perturbados, é porque há um problema em nosso interior. Da mesma maneira, se não conseguimos ver o pintassilgo quando olhamos pela janela, é porque há um problema com nossa visão. Porém, como começamos a observar no capítulo 5, também há diferença entre os dois casos.

Se determinarmos que o garoto é um valentão, e que sua crueldade merece nosso desprezo, não estaremos apenas registrando uma impressão externa, mas também expressando a reação de nosso coração. Temos aqui tanto algo externo como algo interno, tanto objetividade como subjetividade. O fator externo é aquilo a que reagimos; por exemplo, a crueldade ou a coragem. É algo que existiria quer víssemos quer não. O fator interno é a reação do coração, que expressamos no julgamento que fazemos. No Sermão do Monte, Jesus diz: "Pois onde estiver o seu tesouro, aí também estará o seu coração" (Mt 6.21). Nosso tesouro está onde achamos mérito, e Jesus está dizendo que esse é, também, o compromisso de nosso coração — nossa mais profunda lealdade. Quando fazemos um juízo de valor, isso é também uma expressão do nosso coração. O presente capítulo trata da relação entre o objetivo e o subjetivo nesse assunto.

Ned, filho de Rosa, com 18 anos de idade, tem uma namorada, de quem Rosa se agrada. Porém, Rosa é conservadora no que se refere a sexo fora do casamento e teme que o filho comece a dormir com a namorada antes que se casem. O que significa dizer que ela teme que isso aconteça? Significa que ela interpreta esse fato como algo ruim, que pode estar prestes a acontecer. Isso, por sua vez, significa que ela está preocupada com a pureza sexual de seu filho. Preocupa-se com o filho e crê ser bom para ele manter-se afastado da mulher com quem se casará em algum momento no futuro. O sentimento de temor contém esses dois atributos: tanto ela interpreta a situação de determinada maneira (considerando essa possibilidade ruim) como tem essa preocupação ou cuidado. Define a situação como perigosa porque ama o filho, e a emoção absorve esse amor na forma como vê o que ocorre. Portanto, o perigo é externo, e ela sente, internamente, uma intrincada reação. Rosa pode prosseguir e decidir que deveria dizer algo a respeito a seu filho. Se agir assim, estará confirmando seu temor. Não é sempre que endossamos nossas emoções. Imagine uma mãe inquieta com a castidade do filho, mas que passou a acreditar que não há nada de muito grave em relações sexuais antes do casamento. Pensa que seu sentimento é apenas um vestígio irracional de sua criação e, portanto, o rejeita. Mas não é assim que acontece com Rosa. Quando vê os dois juntos, sente uma mistura de cuidado e entendimento, que chamamos de “medo”, e decide que esse medo condiz com a situação. É apropriado para a situação. Então, ela vai em frente e conversa com o filho sobre o assunto.

Vejamos outro exemplo dessa mesma estrutura tripartida de influência externa, reação inicial e confirmação. Recordo-me de uma visita que fiz a um museu de arte medieval chamado Cloisters, em Manhattan, e de ter visto a escultura de uma madona com a criança, talhada em um único bloco de vidoeiro — a única obra de arte presente em uma pequena capela de pedra. Na obra, Maria estava sentada e segurava a criança no colo. A madeira estava gasta e rachada em diversos lugares, mas a escultura ainda transmitia uma sensação de força magnificente e tristeza pelo que Maria sabia que aconteceria a seu filho. Enquanto estava lá, a luz vinda de uma janela pousou sobre a estátua e moveu-se vagarosamente até refletir-se na parede de trás. Senti como se tivesse recebido um presente extraordinário, que a qualquer momento eu poderia destruir. Havia a beleza da escultura, e minha reação emocional mantinha-me extasiado. Mas também existia um sentimento de gratidão, tanto pela beleza como por ser capaz de vê-la. Minha vontade ajustou-se com o que eu sentia e confirmou-o sem nenhuma restrição. Na verdade, visto que sou cristão, compreendi a experiência como se Deus estivesse me atraindo, como se fosse um ímã, mediante a escultura. Atração não é o termo exato, pois sugere que não tive ação alguma no processo; como se fosse um arquivo de ferro. Eu tinha a capacidade de afastar-me, fosse por constrangimento, por nervosismo, ou simplesmente poderia me recusar a concentrar-me por mais um minuto que fosse. Mas o que senti não foi mero convite, sem nenhum valor especial. Na verdade, senti-me mais exatamente atraído por algo soberanamente bom, que ia além da escultura em si.

Nem sempre experimentamos todas as três partes dessa estrutura. Algumas vezes, nossa confirmação pode ser predeterminada, como a configuração-padrão de um processador de texto que utiliza determinada fonte, caso não seja escolhida outra opção. Nem sempre temos de dizer "sim" à nossa reação inicial por meio de um evento mental isolado para a confirmação. Além disso, nossa reação inicial à influência externa é, por vezes, tão rotineira que não experimentamos sensação alguma. No entanto, esse mesmo modelo tripartido apresenta-nos a estrutura básica de avaliação.

Em *Íon*, de Platão, o autor nos dá uma descrição da força de atração e da liberdade que temos para reagir. Ele imagina um ímã com toda uma corrente de argolas pendurada nesse objeto e o compara a uma apresentação dos poemas de Homero. A musa inspira o poeta, que inspira o intérprete, que comove o público; e a força de atração é transmitida por meio de cada anel. "Ora, não consegues enxergar que o espectador é o último dos anéis que mencionei, o qual recebe sua força da argola anterior por causa do ímã? [...] Mas é a divindade que por toda seqüência leva o espírito do homem para onde quiser, transmitindo a força de atração de um para o outro." Mas, então, Platão descreve a maneira como o intérprete se distancia, até mesmo no momento da comunicação: "Olho para baixo, a partir do palco, e vejo-os naqueles momentos em que choram e reviram olhos maravilhados em minha direção, rendendo-se aos encantos de minha narração. Pois devo prestar-lhes extrema atenção; quando os faço chorar, rio comigo mesmo pelo dinheiro que aufiro". Temos essa estranha combinação entre sermos atraídos e, ainda assim, escolhermos o que fazer com essa reação. No caso da escultura no Cloisters, acredito que Deus estava me atraindo para estar em união, e esta obra de arte foi o instrumento divino. Ao confirmar essa experiência como um chamado de Deus para mim, optei por colocar-me sob a autoridade desse chamado. Eu estava endossando a atração.

OBJETIVIDADE

Podemos discriminar três conceitos relacionados com o tipo de objetividade envolvida em avaliar fatores. Todas as três visões estão corretas sobre contextos diferentes. A primeira entende a objetividade como a imparcialidade de nossa avaliação da situação; a segunda a vê como a existência de valores que não dependem de nossa reação; e a terceira a compreende como a relação apropriada entre o que realmente existe e a forma de os seres humanos reagirem ao avaliar.

A primeira concepção é aquela associada a Kant, no capítulo 5, de que a avaliação deveria ser imparcial. Deveria ser objetiva, assim como um bom juiz de futebol. Ele não é levado a favorecer uma equipe em detrimento da outra, ainda que torça por um dos dois times. Tudo que deseja é aplicar as regras de maneira justa. Nas situações que avalia, as pessoas e as posições específicas não fazem diferença alguma. Qualquer um pode levar cartão amarelo, caso empurre outro jogador por trás com a intenção de tomar a bola. A moralidade é do mesmo jeito. Um plano de ação feito por mim para determinada situação é objetivamente admissível, conforme essa visão da moralidade, se eu puder determiná-lo de forma ampla, para todas as pessoas no mesmo tipo de situação, sem dar qualquer importância ao fato de ter um papel específico nessa mesma situação. O capítulo 5 traz o exemplo de Rosa, que move a bicicleta a fim de estacionar seu carro. A subjetividade, em contrapartida, é o sentimento de que temos uma obrigação que pode ou não corresponder ao que a norma moral de fato exige. Algumas vezes, sentimos que algo está errado ou que algo é moralmente admissível quando, na verdade, não o é. Podemos, por exemplo, estar acostumados a um padrão de vida luxuoso, que não está em consonância com a ação de nos associar aos objetivos legítimos do povo, nos países em desenvolvimento. Assim, podemos nos tornar moralmente insensíveis, e a distinção entre pobres e ricos deixa de nos incomodar. Nosso objetivo, nesse cenário, deveria ser a união da objetividade com a subjetividade, de modo que sentíssemos que temos uma obrigação, quando temos verdadeiramente uma obrigação, sem distância alguma entre elas.

Outra visão sobre a objetividade é aquela associada a Platão, no capítulo 5. Platão acreditava em Formas, como a Forma do Bem ou a Forma do Belo, que existem em um mundo próprio. Ele acreditava que essas Formas possuíam objetividade em seu sentido real. Afirmava que elas são as únicas coisas "verdadeiramente reais". Sua existência independe completamente de nós, e elas seguiriam existindo ainda que todos perecêssemos. Somos atraídos para elas por um tipo de amor que se inicia amando a matéria que imita as Formas e, então, se desenvolve até amar as Formas em si. Quando, efetivamente, "vemos" a Forma de Deus, somos levados a querer tornar o mundo mais semelhante à Forma, ou seja, melhor. Esse tipo de objetividade difere do anterior porque alude a entidades que existem independentemente de nós; o tipo de objetividade anterior tinha origem em um procedimento no qual nos envolvíamos, a saber, um plano de ação universal. Para Platão, nosso estado subjetivo representa uma reação às Formas, e nesse ponto (assim como na teoria de Kant) temos a obrigação de tornar nossa reação mais adequada ao que é objetivamente verdadeiro.

Em diversos diálogos, Platão descreve como Sócrates formula uma série de perguntas ao seu interlocutor, muitas vezes começando com exemplos práticos que imitam a Forma. Por vezes, seu parceiro de conversas subitamente "vê" a Forma, sob a pressão dessas perguntas. Na opinião de Platão, aquilo que ele "vê" é algo de que, na verdade, se recorda com base em experiência anterior com as Formas. Uma experiência anterior ao seu nascimento no corpo que agora ocupa, de modo que experimenta um reconhecimento súbito daquilo que, em certo sentido, já conhecia, mas temporariamente esquecera.

Uma terceira concepção de objetividade origina-se em uma reconsideração da analogia com a percepção visual. Quando vejo algo vermelho, como uma tulipa, posso refletir na questão sobre se a coloração vermelha que percebo está em mim (na minha sensação) ou na tulipa. Mas talvez a verdade não seja nenhuma delas. Talvez a coloração vermelha seja uma propensão da tulipa em fazer com que as pessoas vejam "vermelho" ao observá-la, se seus olhos estiverem funcionando bem e a tulipa estiver sob luz adequada. Se isso for verdade, a coloração vermelha não estará nem precisamente na tulipa nem em mim, mas na relação entre nós. Se nossos conhecimentos de física e biologia forem suficientes para a situação, poderemos dar uma descrição parcial dessa tendência natural. Poderemos descrever a propriedade de certo objeto de refletir determinado comprimento de onda de luz e a capacidade de percepção dos cones e bastonetes em nossos olhos. Também precisaremos mencionar como é internamente a experiência de ver o vermelho. Para nossos objetivos atuais, o importante é percebermos que ambas as condições são necessárias: a boa situação do objeto e do observador. Quando decido que a tulipa é vermelha, afirmo que as condições são efetivamente corretas e que não estou sendo iludido (por um vizinho mal-intencionado, por exemplo).

Assim também é a bondade moral. Quando lemos sobre façanhas como a subida de bombeiros em arranha-céus em chamas, temos a tendência (se nossas capacidades morais estiverem em ordem) de sentir admiração. É uma influência quase magnética em nossas emoções. Essa influência nos chega a partir do mundo ao redor, mas não pode ser compreendida sem fazer referência à nossa receptividade sob condições adequadas. Quando decido que a ação dos bombeiros é moralmente boa, estou afirmando que essa propensão à admiração é legítima; condiz com os fatos. Afirmo que as condições adequadas estão sendo alcançadas tanto pelo objeto (a ação dos bombeiros) como pelo sujeito (eu mesmo, o avaliador moral). Confirmo a emoção que sinto, assim como Rosa ao confirmar o temor que sente por seu filho. Logo, a verdade do julgamento que fazemos é tanto objetiva (sendo a respeito do objeto) como subjetiva (sendo a respeito do sujeito), e a decisão pode sair errada de ambos os lados (o objeto pode não ser digno dessa minha reação, e minha percepção pode ser falha).

Existe verdade em todas essas três representações, cada uma delas em seu contexto. Imparcialidade é sem dúvida uma virtude na arbitragem e na maior parte da vida moral. Esse é o primeiro tipo de objetividade. Deus é objetivamente real na segunda descrição, tendo em vista o modo como Platão pensava que as Formas eram verdadeiras. Em outras palavras, a existência divina independe de nossa capacidade para compreender Deus. Mas valores como coragem são objetivos na terceira representação. Devem ser entendidos em função de como reagimos a eles. Coragem, por exemplo, é diferente de imprudência, pois é o tipo de atitude ao assumir riscos que deveríamos admirar. Então temos em mãos um ciclo de avaliação, no qual o valor deve ser entendido em função de reação apropriada de nossa parte, e a reação adequada deve ser compreendida em função do valor.

A influência quase magnética que chega do ambiente ao nosso redor pode apresentar muitas características distintas. Um ímã também repele, e algumas coisas com que nos deparamos podem nos repelir. Rosa vê o valentão no pátio do recreio e detesta sua crueldade. Mas até a atração pode ter muitas formas distintas. É um erro buscarmos somente aquela única característica que sempre experimentamos quando nos sentimos atraídos para algo bom. A experiência de ouvir uma boa piada é bem diferente da de passear em uma boa *mountain-bike*, ou deleitar-se com uma boa execução da *Quinta sinfonia*, de Beethoven. Mas, embora sejam coisas diferentes, esperamos certo tipo de coerência entre elas. Esperamos que haja um centro magnético que mantém coesas todas essas influências e as unifique. Esse era o papel atribuído por Platão à Forma do Bem, pela qual acreditava tornar compreensíveis todas as outras Formas. Na última seção deste capítulo, voltaremos à idéia de um centro magnético em associação com as idéias do chamado de Deus e da nossa confirmação.

PROJEÇÃO

Essa análise da avaliação distingue três componentes: a influência quase magnética que vem do ambiente, a reação emocional a essa influência e a confirmação dessa reação no juízo de valores. Agora podemos abordar o erro dos filósofos que ignoram o primeiro desses componentes. Eles consideram a avaliação moral como um tipo de projeção sobre o mundo. Antes de abordarmos esse equívoco, quero admitir que muitas vezes projetamos nossos desejos sobre o mundo. A questão é se fazemos sempre a mesma coisa ao avaliarmos.

Despina é exatamente o oposto de Rosa no que diz respeito à índole moral. Ela despreza os pobres e os considera criaturas baixas e repulsivas; pensa que ou estão determinados a enganá-la, pedindo contribuições de caridade e misericórdia, ou a atacá-la caso baixe sua guarda. Quando lhe pedem que justifique seu desprezo, ela diz que os vê como são, pois, ao contrário da maioria de nós, não submete o que percebe às costumeiras crenças sobre compaixão e dignidade humanas. Diz que simplesmente reage a uma nojenta mistura de adulação e hostilidade que vê ao seu redor. E quando reflete em sua reação, sente que pode endossá-la de todo o coração. Possui toda uma teoria moral, política e econômica sobre auto-suficiência e sobre a sobrevivência do mais apto, que, diz ela, corrobora sua reação e a inclui em um farto contexto explicativo. Poderíamos pensar que tudo que ela faz é projetar sua ideologia nas pessoas que conhece, de modo que toma suas experiências para confirmar suas idéias, enquanto na prática ocorre exatamente o contrário: suas idéias dão matiz e forma às suas experiências. Mas ela pensa precisamente o mesmo de nós e de todos os nossos enunciados sobre a dignidade inata do indivíduo. A pergunta difícil é se temos um impasse, ou se podemos progredir e compreender quando os valores estão na verdade lá fora e quando não estão.

Os filósofos cujas idéias quero combater nesta seção dizem que avaliação é sempre projeção. Insistem em impor um tipo de dicotomia. Dizem ainda que os valores ou estão ao nosso redor, como os tatus (coisas que descobrimos), ou são coisas que colocamos no mundo, como as poltronas (coisas que criamos). Então, negam que os valores podem estar no mundo independentemente de nós, por causa dos claros vínculos entre a avaliação e nossos desejos, emoções e vontade, que, obviamente, compõem nosso interior. Concluem que os valores devem ser algo que criamos, ou nossa projeção sobre o mundo. Temos aqui uma boa quantidade de filosofia técnica envolvida, que tentarei resumir. O ponto mais importante é que a dicotomia em si — quer descoberta ou criada — é um equívoco.

Rosa faz um juízo de valor a respeito do comportamento que viu no pátio do recreio, e ela decide que aquilo foi errado. Isso aciona os três componentes que descrevi anteriormente. Ela endossa a repulsa inicial que sentiu, em reação a algo repugnante no mundo ao redor. Expressar endosso não é apenas informar algo, mas expressar um compromisso da vontade. Essa é uma questão sutil, porém importante. Somos inclinados a pensar que a linguagem sempre funciona do mesmo modo: relatar o que há ou no mundo lá fora ou em nosso interior. Mas grande parte da linguagem não tem função de relatar coisa alguma. Se me sento em um alfinete e digo "ai", não estou relatando que sinto dor, mas expressando essa dor. Rosa diz à filha: "Vá e procure seus sapatos no banheiro". Ela não está relatando nada, mas dando uma ordem que expressa (mas não relata) seu desejo de que a filha vá ao banheiro procurar os sapatos.

Algumas vezes, nossa linguagem sinaliza essas funções, com diferentes formas gramaticais. "Vá", por exemplo, é imperativo e transmite uma ordem, diferentemente de "Ela vai", que faz uma afirmativa, ou de "Será que ela vai?", que faz uma pergunta. Entretanto, algumas vezes não há sinal gramatical que indique a ocorrência de algo diverso de um simples relato. "O que ele fez foi errado" é o caso em questão. À primeira vista, a sentença parece ser apenas uma afirmativa, a exemplo de "Ela vai". Mas podemos ver que não se trata de simples afirmativa se pensarmos em como seria estranho caso Rosa dissesse isso, e, então, quando se lhe oferecesse uma chance de interromper as intimidações sem danos ou efeitos colaterais, para ela ou para os outros, ela se recusasse a fazer algo a respeito disso. Se ela agisse assim, creio que duvidaríamos da sinceridade em sua decisão inicial. Pensaríamos que ela não estivesse realmente falando sério. Isso demonstra que, quando ela nos diz: "O que ele fez foi errado", temos aqui outra função, além do simples relato da existência de algo (a incorreção) ao seu redor. Deveríamos compreender que ela está expressando sua disposição de acabar com as intimidações, caso tenha a oportunidade de fazê-lo. Por isso, a dicotomia — segundo a qual os valores são descobertos ou criados — é um equívoco. Juízo de valor implica achar algo (um valor) no mundo, mas isso é apenas parte da história. Existe igualmente a manifestação da vontade.

É coerente dizer que tanto Rosa reage a uma força oriunda do mundo ao seu redor como endossa essa reação em seu juízo de valor. Nossa experiência não nos deixa enganados; realmente há esse tipo de força. A idéia da atração magnética vem bem a calhar aqui, e é difícil achar maneira mais literal de explicar isso. As coisas que vemos e ouvimos nos movem. Mas ainda precisamos resolver de alguma forma quando as coisas *merecem* nos atrair ou nos repelir. Temos a liberdade de escolher o que fazer com nossa reação, conforme a descrição de Platão ao mostrar-nos o intérprete dos poemas de Homero se distanciando da dor que transmitia ao público. Precisamos ser capazes de distinguir Rosa de Despina, que acha os pobres repugnantes. Queremos dizer que Rosa reage a um valor que realmente existe, mas Despina apenas projeta sobre o mundo um valor da sua própria ideologia. Como podemos explicar essa diferenciação? Tentamos resolver essa questão quando ponderamos sobre confirmar ou não nossa reação inicial. Para fazermos isso, devemos aplicar uma teoria normativa ou um conjunto de padrões. Esse é o tema das duas últimas seções deste capítulo.

O CENTRO INTERNO

Rosa está atrasada para o trabalho e zangada com sua filha Lucy por ter perdido seus sapatos. Quando repreende a filha, e esta irrompe em lágrimas, Rosa percebe que exagerou por causa da pressa. Diz que sente muito, e ambas vão procurar pelos sapatos. Temos aqui um complexo exemplo dos três componentes da avaliação que ora discutimos. Neste momento, podemos nos concentrar no terceiro, a saber, o endosso, ou confirmação. Em meio à sua raiva, Rosa considera a filha negligente, descuidada e insensível à necessidade que sua mãe tem de ser pontual. A reprimenda que lhe passa pretende ser um tipo de punição por essas falhas, e sua intenção é magoar e atormentar. Isso faz parte de estar com raiva. Mas, quando Lucy debulha-se em lágrimas, a raiva de Rosa também se dissolve. Não deixa de ser verdade que sua filha perdeu seus sapatos, mas Rosa recorda a freqüência com que fazia a mesma coisa quando tinha a idade da filha. Lembra que pensava que os sapatos tinham vontade própria e caminhavam pela casa somente para irritá-la. Acaba enxergando que sua raiva fora imprópria, causada pelo nervosismo gerado pela pressa (o que, freqüentemente, lhe acontece), e agora se recusa a confirmar sua reação inicial.

O que justifica sua recusa? Basicamente, ela acaba enxergando duas coisas: não estava realmente com raiva, não era seu verdadeiro eu; e sua raiva não fazia jus a quem sua filha realmente é. Ela sabe que não é, realmente, uma pessoa zangada (apesar de, como todo mundo, algumas vezes zangar-se), e que Lucy não é, na verdade, alguém imprudente (apesar de algumas vezes agir de forma imprudente). Em Romanos 7, conforme uma interpretação desta difícil passagem, Paulo fala sobre o conflito interno nos seguintes termos: "... Pois não faço o que desejo, mas o que odeio. E, se faço o que não desejo, admito que a Lei é boa. Neste caso, não sou mais eu quem o faz, mas o pecado que habita em mim" (Rm 7.15-17). Paulo concorda que algumas atitudes que toma são erradas, mas diz que há algo em seu interior, chamado "pecado", que o leva a cometer tais atos. Logo, já não é ele quem os pratica. Por diversas vezes, desejamos ou fazemos coisas que não estão realmente em nós. Um exemplo disso é as vezes em que o desejo parece um intruso alienígena, surgido do nada. Idéias estranhas ou bizarras podem, subitamente, surgir em nossa mente. Passo na rua por um senhor idoso, apoiando-se pesadamente em sua bengala, e, para meu espanto, repentinamente, imagino-me chutando para longe sua bengala, fazendo com que ele caia indefeso no chão. Na verdade, não vou fazer tal coisa, mas, por um momento, penso em fazê-la. Ou algumas vezes temos desejos que reconhecemos como inimigos habituais, contra os quais já lutamos há anos, como o desejo alcoólatra por uma cerveja. Ou nossos desejos podem não ser inimigos, porém mais semelhantes a leais adversários, isto é, o outro lado de desejos que valorizamos.

Tom é muito bom em concentrar-se em seu trabalho acadêmico. O outro lado disso é que, irremediavelmente, ele é incapaz de cuidar de crianças pequenas ao mesmo tempo que tenta ler. Pode ignorar completamente batidas e berros vindos do andar de cima, que fariam Rosa chegar lá em um segundo. Esse desejo de concentração pode ser tão bom quanto ruim, dependendo da situação. Quando Tom finalmente sente o cheiro de fumaça, corre para o quarto de Lucy e a vê tentando apagar um incêndio no tapete com o lençol da cama, arrepende-se por ter estado tão absorto em sua leitura. Aquela concentração era realmente ele, o seu verdadeiro eu, mas não da forma como preferia utilizá-la.

Existem muitas razões pelas quais os desejos podem não ser adequados a quem uma pessoa é. Começarei pelos mais irrelevantes, quando é mais fácil ver que o desejo não faz parte de mim. Vamos imaginar que eu tenha sido hipnotizado e sugestionado a levantar e cantar o hino nacional americano sempre que sentir o cheiro de *pizza*. Agora, digamos que eu esteja na igreja ouvindo a pregação e sinta o cheiro da *pizza* que o grupo de jovens está preparando na cozinha para o lanche. Sinto, de repente, um forte impulso de levantar e cantar o hino dos Estados Unidos. Esse desejo será para mim um intruso, um estranho. Mas nossas mentes podem pregar-nos as mesmas peças que um hipnotizador, introduzindo idéias estranhas que podem estar além de nosso controle consciente.

Uma pessoa pode sofrer de uma doença como a cleptomania e, de súbito, ser arrebatada de forma irresistível pelo desejo de tomar do mostruário de uma loja um reluzente jogo de canetas douradas quando tem a chance de fazê-lo. Em certo sentido, o desejo não é a pessoa, não pertence à pessoa, ainda que o distúrbio o seja. Ou alguém pode ter um distúrbio de personalidade e, em função disso, pensar que é Napoleão Bonaparte. Penteia seu cabelo no mesmo estilo e fala um francês ao estilo do fim do século XVIII. Remói, incessantemente, estratégias para vingar-se de Wellington.[1] Mas esses desejos, de modo difícil de definir, não são genuinamente seus. Por fim, alguém pode ter sido contínua e extremamente maltratado na infância, e isso pode ter-lhe impossibilitado estabelecer relacionamentos carinhosos

[1]General britânico que derrotou Napoleão Bonaparte. (N. do T.)

com os outros. Ele simplesmente não confia o suficiente, e o desejo de manter-se afastado é incontrolável. Mas creio que ainda há um sentido (mas agora quase imperceptível) no qual isso não é ele. Talvez, tudo que tenha restado seja a sensação de que existe algo importante faltando em sua vida; algo que ele não sabe descrever.

Como devemos entender esses casos? Penso que todos temos a idéia de um centro integrado em uma pessoa; a idéia de que os desejos só devem ser considerados inteiramente autênticos se tiverem origem nesse centro ou se com ele condisserem. Chamo esse centro de "a vontade", mas outro termo poderia ser "o coração". Alguns filósofos acreditam que a idéia da vontade é irremediavelmente confusa, ou que não há algo assim. Mas certamente já tivemos a experiência de confirmarmos nossos desejos, como que a partir de um centro dessa natureza. A meu ver, a resistência à idéia da vontade vem de duas fontes.

Um ponto é que não estamos sempre conscientes de um ato de vontade distinguível todas as vezes que endossamos algo. Como já expus, alguns endossos podem ser posições assumidas de forma automática. O computador no qual digito neste momento tem a *Times New Roman* como sua fonte-padrão. Caso não me decida por outra, a fonte sempre será *Times New Roman*, e não preciso tomar uma decisão específica toda vez que utilizar o equipamento. Da mesma forma, se o desejo de uma pessoa condiz com seus compromissos básicos, pode ser automaticamente confirmado ainda que não haja um ato de vontade distinguível para endossá-lo. Apesar disso, um caso de confirmação regular envolve a vontade, quer por uma ação distinta quer não.

A outra fonte de dúvidas sobre a vontade refere-se a uma aparente ausência desse "centro"; algumas pessoas não parecem possuí-lo. A centralização ocorre gradualmente. Não raro, uma pessoa de cinqüenta anos de idade terá mais integração de seus desejos que um adolescente. Uma vez que se conhece melhor, ela saberá quando seus compromissos primordiais são postos em risco para que consiga algo que deseja especificamente; e saberá quando há caminhos alternativos para o que lhe é essencial e o fator específico é negociável. A intensidade dos desejos de um adolescente é menos racional. Assim, a capacidade de confirmar um desejo a partir de um centro pessoal também surge gradualmente. Não consideramos um garoto de oito anos de idade inteiramente responsável pelo assassinato de alguém, em parte, porque nessa idade uma pessoa não tem maturidade suficiente para que seja possível endossar algo plenamente. No entanto, para adultos normais, fazemos esse tipo de distinção entre central e periférico.

Em todos os casos descritos até aqui, a vontade da pessoa foi contornada, ou, quem sabe, em casos de distúrbios de personalidade ou graves maus-tratos, não haja vontade alguma a ser contornada. Isso não quer dizer que apenas desejos virtuosos possam ser confirmados pela vontade de uma pessoa. Mas um desejo não é almejado a não ser que corresponda às expectativas ou, pelo menos, condiga com esse centro pessoal. O desejo induzido pela hipnose para que eu me levante e cante o hino nacional americano não passa nesse teste, assim como não passa o desejo de chutar a bengala do velhinho. O mesmo ocorre com o desejo de furtar o jogo de canetas douradas e o desejo alcoólatra por uma cerveja. O desejo que "Napoleão" tem de vingar-se de Wellington é mais difícil; porém, se tal pessoa possuir um distúrbio de personalidade, não terá o tipo de integração que nosso conceito de vontade exige. Talvez seja possível às pessoas perderem, ou por doenças mentais, ou por escolhas erradas na vida, ou por terem sido vítimas, qualquer senso de coerência no que essencialmente desejam para si mesmas. Pessoas maltratadas na infância terão perdido esse tipo de integração, se não puderem reconhecer em si mesmas remanescentes ou fragmentos do desejo de terem relacionamentos duradouros e se nem mesmo puderem perceber que não confiam o suficiente nas pessoas para tentar fazê-lo.

O CENTRO EXTERNO

O endosso exige, além desse tipo de centro pessoal, um centro de outro tipo, que chamei anteriormente de centro "magnético". É um centro de atração exterior à pessoa, que imagina centralizar tudo aquilo para o qual se sente atraída. Platão atribuía esse papel à Forma do Bem, mas também usou a idéia da divindade exercendo uma força semelhante à magnética, de uma argola para a outra, com o homem, como indivíduo, no fim da corrente de argolas. A tradição cristã atribuiu esse papel a Deus. Os cristãos podem acreditar que todas as boas coisas que os atraem fazem parte do caminho para sua união com Deus. A obra de arte de vidoeiro da madona e a criança, os atos de coragem dos bombeiros, o ideal de restringir o sexo ao casamento, o prazer de andar com uma *mountain-bike* bem projetada em uma bela trilha do bosque — todas essas coisas unem-se em um todo coerente, pois indicam haver uma fonte única. Essas coisas podem competir entre si, no sentido de que uma pessoa pode ser atraída para diferentes coisas boas ao mesmo tempo. Ela não pode, por exemplo, andar de bicicleta e contemplar a estátua simultaneamente. Mas todas são, de forma intrínseca, dignas de confirmação, ainda que não como propostas para uma ação simultânea. Se o crente endossa uma dessas atrações como uma proposta para *ação*, pode acreditar que ela condiz com as outras atrações que o influenciam. Essa pessoa pode acreditar que todas as propostas se integram, porque são todas partes do plano de Deus para sua vida. Deus nos chamou para fazer muitas boas coisas; "... boas obras, as quais Deus preparou antes para nós as praticarmos" (Ef 2.10). Nossa missão é discernir a ordem correta dessas boas coisas, e uma forma de fazermos isso é a seleção moral descrita no capítulo 1.

Imagine o que aconteceria se não tivéssemos esse senso de coerência. Suponha que acreditássemos haver um ser maligno, um demônio, encarregado do mundo e que sentisse prazer em nos fazer causar danos às pessoas, sempre que tentássemos fazer-lhes o bem. Já mencionei isso por meio de um experimento no capítulo 4. O filósofo Descartes[2] imagina algo semelhante em sua obra *Meditações*, com a diferença de que ele retrata o demônio cuja ação é nos fazer crer em algo falso sempre que tentamos crer em algo verdadeiro. Mas suponha que o demônio estivesse interessado em bagunçar nossa busca pelo que é bom, em vez de nossa busca pelo que é verdadeiro. Acredito que pararíamos de tentar fazer o bem. Nada disso faria qualquer sentido. Precisamos acreditar que as boas coisas que tentamos realizar podem ser todas alcançadas como um conjunto coerente. Em outras palavras, precisamos acreditar que não existe um demônio desses, ou que tal demônio não exerce o terminante controle do mundo. Ademais, se nos preocupamos com as outras pessoas (como exige a ética), precisamos crer que todas as propostas para ação, nossas e delas, são coerentes entre si.

[2]Filósofo e matemático francês (1596–1650). Sua primeira preocupação é fundar o método que permite ter acesso ao conhecimento claro e distinto, aquele cuja veracidade situa-se em Deus. Escreveu *Discurso sobre o método*, entre outros. (N. do E.)

Há aqui um gigantesco problema de coordenação em vermos como toda essa coerência pode ser sustentada. Voltaremos a isso no capítulo 8. Por ora, quero enfatizar a necessidade de um centro externo de atração, além do centro interno que chamei de vontade ou coração. Para um cristão, a confirmação funciona da seguinte maneira: é um esforço para discernir se a atração específica que sente em relação a algo condiz com a vontade de Deus e, então, repetir a vontade de Deus em sua própria vontade. Para alguém que não crê em Deus, ainda há a necessidade de uma forma semelhante de confirmação. O incrédulo precisará de uma maneira para conferir se a atração que sente condiz com o bem do todo. Então, necessitará verificar se aquilo que o atrai merece atraí-lo, ou se sua reação positiva está de alguma forma incorreta. O capítulo 1 utilizou-se da analogia de um bom motorista, que precisa verificar o espelho retrovisor. A diretriz organizativa representa um modo de testarmos se agir conforme alguma atração é moralmente admissível.

Provavelmente, não conseguimos ver com clareza esses dois centros: o interno e o externo. Platão explica a dificuldade de vermos o centro externo por meio de sua descrição do Sol, que representa a Forma do Bem. Se tentarmos olhar diretamente para o Sol, ficaremos simplesmente cegos; mas, apesar de tudo, o Sol é a fonte necessária para que vejamos todo o resto. Em termos cristãos, não temos acesso à vontade de Deus, a não ser quando Deus decide revelá-la a nós; e a revelação nunca irá muito além de um vislumbre. O centro interno também é difícil de se ver. Somos facilmente enganados por uma boa opinião a nosso respeito; mas, paradoxalmente, podemos rapidamente desandar a pensar em nós mesmos como meros vermes, os mais desprezíveis dos seres. Jamais vemos de forma clara e definitiva nosso próprio coração, embora um cristão acredite que Deus pode nos ver como somos e julgar-nos de acordo com isso.

Apesar dessas dificuldades, o endosso é a tentativa de vincular esses dois centros. É a tentativa de despertarmos nossas reações para o que sentimos ser bom, conforme os preceitos gerais de nossos compromissos (integrados pelo centro interno). Isso significa que nossos compromissos precisam fazer parte do caminho que, verdadeiramente, nos levará ao nosso bem e, de modo geral, ao bem de todos os demais (integrados pelo centro externo). Tentamos fazer com que nossos compromissos sejam assim como as argolas, que são unidas pelo ímã. Mesmo que não possamos ver nenhum dos centros com nitidez, precisamos crer que podemos repetir, ainda que parcialmente, a coerência do centro externo nas decisões tomadas internamente.

Podemos encerrar com o exemplo de Rosa e sua filha Lucy. Quando a filha debulha-se em lágrimas, Rosa sente o relacionamento entre ambas chamá-las à reconciliação. Ela percebe que feriu um relacionamento que lhe é muito caro; ao desculpar-se e ir com a filha procurar os sapatos, dá um passo em direção à restauração. Nesse chamado do relacionamento, ela também escuta o chamado de Deus. E o que isso acrescenta? Sua experiência é tão semelhante quanto diferente de se ver a escultura no Cloisters, como descrevi no início deste capítulo. A diferença reside no aspecto de Rosa ser estimulada pela ausência, e não pela presença de algo. Sente a distância entre ela e Lucy, bem como a sensação de que essa distância é incompatível ou artificial, dada a natureza do relacionamento entre mãe e filha. O chamado não é para que fique onde está, apreciando a experiência, mas para reparar a brecha que se abriu entre ela e a filha. A semelhança entre as duas experiências está no fato de que, em ambos os casos, a influência provém de algo além do contexto imediato.

No caso de Rosa, ao dizer sim para o que sente, ela vincula a sensação desse chamado com o todo de seus compromissos e a fonte de autoridade deles. Esse relacionamento com a filha foi abençoado por Deus, e Rosa crê que Deus continuará a abençoá-lo. Crê ter recebido sua filha como um presente e sente-se responsável diante de Deus pelo que acontece com ela. Possui convicções a respeito da paciência de Deus para conosco, quando, continuamente, fracassamos em viver como deveríamos, e quer repetir esse tipo de paciência na própria vida. Também se recorda da passagem de Colossenses em que somos orientados a nos livrar da ira, porque fomos "... [revestidos] do novo, o qual está sendo renovado em conhecimento, à imagem do seu Criador" (Cl 3.10). Rosa acredita que se restaurar seu relacionamento com Lucy, da forma como Deus restaura seu relacionamento conosco, isso pode contribuir para que o mundo seja bom para todos, para ela mesma, sua filha e todos aqueles cujas vidas são afetadas pelas duas. Em resumo, sua ação pode contribuir para o Reino de Deus. Na verdade, o relacionamento exerce uma força sobre ela que se assemelha à magnética, mas ela endossa, ou concorda com sua autoridade, ao vinculá-lo dessa forma ao Reino como um todo.

Este capítulo discutiu a analogia entre o senso moral e nossas percepções. Recebemos estímulos morais do mundo à nossa volta, da mesma forma que recebemos impulsos sensoriais em nossos sentidos. Mas o processo de confirmação é diferente no caso da moral, e precisamos de um meio para associar os estímulos com nossos compromissos como um todo. Uma pessoa que acredita em Deus o verá como o centro que mantém a coerência desses compromissos. Este capítulo não afirmou que somente Deus pode assumir esse papel. No entanto, argumentou que apenas sentir atração ou repulsa por algo externo a nós não é suficiente para estabelecermos sua autoridade. Nesse sentido, a autoridade não é óbvia. Despina e Rosa têm sentimentos assim. Além disso, Despina dispõe de aprimorada ideologia pela qual avalia esses sentimentos. Se formos dizer que o senso moral de Rosa é confiável, e o de Despina, não, precisamos apontar o porquê. Precisamos apelar para algo além do fato de sermos atraídos ou repelidos e de termos uma justificativa mais ampla para apresentar. A seleção moral discutida no capítulo 1 apresenta uma explicação. Mas, se é assim, o sentimento de atração exterior não pode ser a fonte de autoridade da moralidade; a relação ocorre ao contrário. A seleção moral permite-nos endossar o sentimento de sermos atraídos para algo e atribuir-lhe autoridade. Mas, então, não é possível que a simples atração seja a fonte de autoridade; logo, precisamos localizar tal fonte para que essa atração seja vinculada ao centro externo, que mantém coesos os fatores que nos atraem.

7

NATUREZA HUMANA

O CAPÍTULO 6 DESCREVEU A VISÃO de Platão acerca das Formas, que ele pensava serem as únicas coisas "verdadeiramente reais". A questão levantada no capítulo foi se podemos inferir a autoridade da moralidade a partir da atração que sentimos por algo que nos transcende, do modo como as Formas nos transcendem. A resposta foi que precisamos realizar uma seleção moral, a fim de determinar quando podemos, e quando não podemos, tratar tais influências como confiáveis. Por sua vez, a visão de Aristóteles do que é real difere bastante da visão platônica. Ele não acreditava que um mundo de Formas à parte fosse útil na compreensão do mundo em que vivemos. Aristóteles chamou o tipo mais básico de realidade de "substância". Este capítulo verificará se podemos obter uma descrição da fonte de autoridade da moralidade a partir do conceito aristotélico de substância e, em especial, de um enfoque aristotélico da substância humana.

A diferença entre os dois filósofos é nitidamente retratada em um afresco que Rafael pintou no Vaticano, no século XVI. Desde o século XVII, o afresco tem sido chamado de "A Escola de

Atenas". A pintura mostra uma reunião dos grandes pensadores da Antigüidade clássica, dispostos em pequenos grupos que, por sua vez, formam um grande círculo, a exemplo do círculo das estrelas na astronomia clássica. Estão em uma magnífica igreja ou templo de estilo renascentista. Com seu teto abobadado, a construção é aberta ao fundo e pode-se ver o céu azul mais além. O foco da pintura está sobre Platão e Aristóteles. O primeiro é um senhor idoso com barba e cabelos brancos e longos, e o segundo (que foi aluno de Platão durante vinte anos) está jovem, com cabelos e barba de cor castanha devidamente aparados. Cada um carrega um livro que escreveu; Platão traz *Timaeus* (que descreve a influência causal das Formas eternas), e Aristóteles, *Ética a Nicômaco* (que descreve o melhor tipo de vida na terra para os seres humanos). Com o dedo indicador da mão direita, Platão aponta para o céu, e seu braço e o livro que ele segura estão na vertical. Aristóteles estica sua mão direita, gesticulando para baixo em direção à terra, e seu braço e o livro que ele segura estão na horizontal.

Rafael não nos oferece apenas uma visão dos dois homens, mas também de suas filosofias. Para Platão, as Formas estão além de nós; nossa alma eterna capta seus vislumbres em nossa vida corpórea, por intermédio de uma disciplinada contemplação. Para Aristóteles, as Formas estão *no interior* das substâncias que experimentamos; nossa tarefa é compreendermos essa experiência e não seguirmos além dela. Rafael faz ainda algo mais nesse afresco: pela forma como dispõe suas figuras, sugere que Platão e Aristóteles, ainda que em conflito, são partes necessárias da verdade integral. É como se, juntos, gerassem as forças (ascendente e para dentro) que mantêm todo o círculo de pensadores girando em sua órbita programada.

A próxima seção descreve uma visão aristotélica de substância. Na terceira seção, discutiremos como essa visão vem sendo usada no esforço de deduzir nossas obrigações morais, com base em uma descrição da natureza humana, o que acredito ser um erro. A quarta seção afirma que a lei moral é uma escolha de Deus, não sendo exigida pela natureza humana. A última seção defende que a moralidade ajusta-se extremamente bem à natureza humana, apesar de não poder ser deduzida a partir dela. Sustentarei a afirmação de que prosperamos quando conservamos a lei moral e nos arruinamos quando a infringimos. Trata-se, realmente, de uma relação entre moralidade e realização. Mas isso não torna a natureza humana a fonte de autoridade da moralidade. A fonte está no fato de que Deus escolhe dar esse caminho a seres que possuem nossa natureza, a fim de nos unirmos em amor com a natureza divina.

SUBSTÂNCIA

Aristóteles vê as Formas como a substância dos seres; considera a substância como o tipo fundamental de ser, do qual dependem todos os outros tipos de seres. Rosa é uma substância. Quando se bronzeia nas férias de verão, a existência de seu bronzeado depende da existência de Rosa, e a existência de Rosa não depende da existência de seu bronzeado. A descrição de Aristóteles enfatiza o papel da substância como a causa que sustenta e explica a mudança; e ele descreve dois tipos básicos de causa: matéria e forma. Forma é a atividade de organização interna de uma coisa, que dá a essa coisa unidade ao longo da mudança. Matéria é o que a forma organiza. No entanto, essa descrição não divide uma substância em duas coisas diferentes, do modo como Platão divide os animais em corpo e alma, podendo ser separados na morte. Para Aristóteles, substância não é a união de duas coisas distintas, mas uma unidade indivisível.

Segundo Aristóteles, a análise da forma-matéria passa por uma série de níveis diferentes. Se considerarmos uma substância viva, digamos, um tatu, poderemos analisá-lo em sua forma e matéria. Sua forma é a atividade característica de um tatu, e Aristóteles afirma que sua alma é a capacidade para essa atividade. Sua matéria são os ossos e a carne organizados nessa atividade. Podemos então pegar, por assim dizer, os ossos, e ver que cada osso pode ser analisado quanto ao material ósseo (a matéria) e quanto à sua organização para realizar o tipo de coisas que os ossos fazem (a forma). E o material ósseo, por sua vez, pode ser analisado quanto a seus materiais mais básicos e quanto à disposição e atividade. O processo de desenvolvimento é o inverso desse curso de análise, podendo ser mais bem compreendido como orientação em direção à forma. Os tipos mais primitivos de matéria são transformados de simples em compostos (p. ex., de inorgânico para orgânico), por imposição da forma em diferentes fases, até termos algo pronto para ser um tatu desenvolvido. Quando isso ocorre, a matéria já foi, digamos, completamente utilizada. Já não resta matéria alguma para transformar-se em substância. Ainda há potencial para mudança (o tatu pode enrolar-se diante do inimigo, ficando como uma bola). Mas a única mudança restante *na substância* é regressiva. O tatu pode decompor-se, quando morto, em carne e ossos, e os ossos em material ósseo, e com o tempo em matéria inorgânica, pronta para iniciar todo o processo novamente.

O argumento de Aristóteles, como o compreendo, é que somente as coisas vivas possuem o tipo certo de desenvolvimento autodirigido, de modo que sejam consideradas substâncias complexas nesse sentido. Um monte de areia, por exemplo, não é uma substância. Se considerarmos os vários grãos de areia que formam o monte, eles podem estar em contato entre si, mas não formam o tipo de unidade que persiste em meio a mudanças, conforme a expectativa da ciência. O mesmo ocorre se considerarmos as gotas de água que formam um lago, ou os torrões de terra que formam um campo. Isso também é verdadeiro com relação a manufaturas humanas. Um rolamento e uma bola de beisebol não possuem o tipo certo de unidade ao longo das mudanças, porque o princípio de sua persistência não está neles, mas nos criadores que os projetaram para determinado propósito. Como a bola de beisebol tem finalidade diferente da do rolamento, não precisa ser perfeitamente esférica. O propósito e a forma dessa bola não são atribuídos por uma fonte interna de mudança e desenvolvimento, mas pelas pessoas que a fabricam.

O conceito de substância de Aristóteles é, em essência, biológico e tem sido confirmado de maneira notável pela ciência contemporânea. Sua visão não depende da física ou da química da época em que viveu, pois são obsoletas. Um biólogo da atualidade, J. Z. Young, corrobora a visão de Aristóteles da seguinte forma: "A essência de um ser vivo consiste no fato de ele ser formado pelos átomos da química comum que já estão catalogados, os quais são incorporados em sistemas vivos e se tornam por algum tempo parte deles. A atividade viva os reúne e organiza de maneira característica. A vida de um homem consiste basicamente na atividade que ele impõe a esse material".

Essa descrição de substância não reduz a importância da matéria, como o faz *Timaeus*, de Platão, que ensina que as coisas materiais são cópias defeituosas de Formas de outro mundo. Além disso, não reduz a importância da forma ao ensinar que tudo é matéria, e que podemos, teoricamente, converter psicologia em biologia, biologia em química, e química em física. Se aceitarmos a descrição de substância apresentada por Aristóteles, ainda que em linhas gerais, quais serão as implicações para nosso sistema de valores? A vida é, na descrição traçada aqui, uma idéia direcionável. Estar vivo é ser capaz de provocar mudanças (tanto internas como externas) na diretriz que conduz ou prepara um membro adulto de uma espécie biológica. Se algo é um tatu, então já está organizando mudanças de uma maneira correta, de uma maneira adequada ao objetivo característico do tatu. Por isso é que faz sentido dizer, como já mencionei no capítulo 3: "Seja quem você é". A natureza estabelece uma diretriz apropriada, pela qual deveríamos viver.

A REPRESENTAÇÃO DEDUTIVA

A representação dedutiva é o conceito de que podemos partir de alguma visão de como é a natureza humana e, a partir daí, deduzir que os humanos precisam viver conforme a lei moral. Não obstante o que afirmei na seção anterior, creio que tal representação é um erro. Mas, antes de tratar de minha objeção, quero admitir que o obstáculo mais comum a essa representação é o pior possível. Os filósofos algumas vezes se opõem a essa representação de maneira rudimentar. Eles dizem: "A representação dedutiva viola uma regra básica da lógica. A regra de que não se deve introduzir, na conclusão de um argumento, qualquer termo que não esteja presente nas premissas. Se suas premissas dizem, por exemplo, 'Todos os homens são mortais' e 'Sócrates é um homem', não há problema em concluir que Sócrates é mortal. Mas não faz sentido concluir que Sócrates é um tatu. Isso porque o termo *tatu* não aparece nas premissas e, dessa forma, não é vinculado ao argumento da maneira correta. Mas a representação dedutiva apresenta um argumento cuja conclusão traz o termo *precisa*, apesar de esse termo não ter aparecido em nenhuma premissa; logo, o argumento viola essa lei fundamental da lógica".

O problema dessa objeção é que ela foge ao debate com a representação dedutiva. É uma prática filosófica deplorável dar início a um debate com seu oponente simplesmente negando-lhe o uso de suas idéias principais. Agindo assim, você não venceu o debate, mas apenas assumiu de imediato a opinião de que ele está errado. Seria como argumentar contra a fé em Deus partindo do pressuposto de que não podemos sensatamente afirmar ou crer em nada a respeito dele. A tosca objeção há pouco mencionada falha em não enxergar que a representação dedutiva parte da visão aristotélica do que significa pertencer a espécies como a humana (ou do tatu). De acordo com a visão aristotélica, se algo é um filhote de tatu, nesse caso existem instruções que devem ser seguidas para que ele se torne um tatu adulto. A representação dedutiva vê a moralidade como o modo pelo qual os humanos devem viver para chegarem a ser adultos. Contudo, mesmo que desprezemos aquela objeção imprópria e aceitemos a visão aristotélica de substância, ainda nos resta uma contestação mais adequada.

A primeira frase de *Ética a Nicômaco*, de Aristóteles, é aqui esclarecedora, pois traz uma visão antecipada de todo o argumento do livro (como as primeiras frases desse filósofo freqüentemente o fazem). "Cada artefato e cada sistema, e semelhantemente cada ação e decisão, parece endereçada a algum bem. Portanto, o bem tem sido corretamente descrito como aquilo para onde tudo se dirige." Temos, então, um problema. Ações e decisões objetivam um bem aparente, no sentido de que buscamos o que parece ser bom para nós. Talvez nossas ações até objetivassem o que poderia ser efetivamente bom, se estivéssemos em outras circunstâncias. Mas, em nossa situação atual, nem toda ação ou decisão visa ao que é realmente bom, para nós ou para os outros. Na verdade, tendo uma sólida noção acerca da iniqüidade humana, diríamos que os humanos dirigem-se naturalmente para o que é um bem aparente, mas não real.

Os seres humanos (ao contrário dos tatus) fazem escolhas. As tendências com que nascemos, segundo essa sólida visão do pecado, apesar de não sabermos, impelem-nos não para nosso bem maior, mas para nossa própria destruição. Há um impulso para o mal, assim como um impulso para o bem. O capítulo 4 descreveu o conflito fundamental entre colocar-se em primeiro lugar e pôr o bem em si em primeiro lugar, tendo concluído que nascemos naturalmente dispostos a escolher a primeira opção. Essa avaliação errônea mostra certa força, uma vez que se torna cada vez mais difícil desligar-se dela. O ego torna-se, por assim dizer, cada vez mais enclausurado, e os hábitos egoístas ficam cada vez mais arraigados. Progressivamente, passa a ser mais difícil ouvir qualquer sinal de valores externos. Por conseguinte, não podemos chegar a uma conclusão sobre como devemos viver, partindo de premissas sobre as tendências com que nascemos ou as que naturalmente desenvolvemos. O capítulo 5 estabeleceu de forma clara a diferença entre natureza criada e natureza caída. A substância humana, ao considerarmos a natureza criada, estabelece o rumo apropriado para nós, apesar de não ser indispensável; entretanto, a substância humana como a conhecemos é dividida contra si mesma.

Se repararmos no que Aristóteles pensa em relação ao destino dos seres humanos, para onde caminham, teremos confirmação desse quadro um tanto sombrio. Não quero dizer que Aristóteles pensasse ser sombrio, mas que podemos ver que aquilo que ele julgava ser virtude (portanto, um componente do bem humano para o qual nos dirigimos) é, na verdade, pecado (portanto, um caminho para a destruição humana). Em *Ética a Nicômaco*, o filósofo diz que aqueles que exercem poder sobre outras pessoas e usam-no bem (p. ex., os homens que comandam famílias e cidades) possuem um tipo de virtude mais perfeita que aqueles que ponderam e agem bem somente no que lhes diz respeito. Em *A política*, ele afirma que apenas os que governam outras pessoas necessitam da virtude plena da sabedoria prática. Assim, constata-se que o bem maior do ser humano exige que ele tenha e exerça poder sobre os outros seres humanos. Tal conceito pode ser encontrado em diversas partes do mundo grego, como, por exemplo, na conclusão de Meno, no diálogo de Platão, assim denominado em sua homenagem: "(Virtude) deve ser tão-somente a capacidade de governar as pessoas, se buscas uma qualidade para cobrir todas as hipóteses". Esse é basicamente o motivo de Aristóteles pensar que escravos e mulheres jamais alcançarão o bem maior do ser humano. O mesmo vale para trabalhadores manuais, cidadãos, mas que jamais terão recursos para o tipo de virtude de que fala Aristóteles. Lazer, riquezas, escravos e posição social, tudo é necessário para o que ele vê como principal componente do bem maior, a saber, a contemplação. Ele não afirma que o poder sobre os outros é o todo, ou mesmo o centro, do bem maior, mas que é um componente necessário.

Estar fortemente associado ao poder e às riquezas é outra exigência para alcançar a excelência, conforme a visão de Aristóteles, ou seja, o prestígio. Ser respeitado, ele afirma, não é o bem maior; pois é possível ser respeitado por pessoas inferiores, e uma pessoa que apenas almeja ser respeitada mergulhará até o nível dos que a respeitam. Mas Aristóteles não considera a reputação necessária para o bem maior. O homem magnânimo considera-se digno de grandes honras, e, assim, o é. Os nascidos na nobreza, afirma o filósofo, e os poderosos e abastados, contanto que não sejam depravados, destacam-se dignos de reverência; são superiores aos seus pares, e excelência superior é sempre tida em alta estima.

Esses objetivos de poder e prestígio são de natureza competitiva. Quer dizer, para que eu os tenha, é necessário que os outros não os tenham (ou ao menos os tenham em menor escala). Mas a busca de poder e prestígio não condiz com as exigências da moralidade que expus no capítulo 1. Não tenciono censurar a afirmação de Aristóteles de que nos dirigimos naturalmente para essas coisas, mas pretendo, sim, criticar a afirmação dele de que, por nos dirigirmos para elas, são coisas boas para nós. Acredito que Aristóteles esteja certo com relação às nossas inclinações naturais. Apesar de idealizar formas de uma cultura específica (Aristóteles diz, por exemplo, que o homem magnânimo tem movimentos lentos, voz profunda e fala tranqüila), a tendência latente é sem dúvida universal, ou pelo menos universal para os machos da espécie humana. A ressalva diz respeito a Larry Arnhart, cujas visões foram discutidas no capítulo 2. Mas não se conclui que conseguir tais coisas seja bom para nós e para os outros, ou que seja correta a veneração cultural vigente por esses fatores.

É tentador compararmos seres humanos a artefatos fabricados pelo homem, como no caso de um carro. Você poderia pensar que, ao olhar para um carro, diria: "Para que servem os limpadores?". Um bom conjunto de limpadores é aquele que realiza bem sua função. Se um conjunto de limpadores deixa sujeira no pára-brisa, sabemos que não está funcionando bem. Extraímos aqui um "dever" de um "ser". Seria possível dizermos qual o propósito dos humanos simplesmente observando o que buscam e, então, obter um "dever" de um "ser" da mesma maneira? Mas, para termos uma analogia justa, deveríamos supor que os limpadores não apenas deixam sujeira, mas constantemente arranham e quebram o pára-brisa. Ou que o mecanismo produz enormes braços mecânicos que alcançam o interior do carro e exterminam os passageiros. Se o carro se comportasse dessa forma, seria possível afirmar, ao notarmos seu comportamento, que seu propósito é bom? Artefatos humanos não são assim, porque os projetamos para não serem assim, nem lhes damos liberdade (pois não podemos) para que desobedeçam às nossas instruções. Porém, quem nos projetou concedeu liberdade ao que criou, e temos usado essa liberdade para trair as intenções de nosso criador. Nosso "ser" ainda não vai ao encontro de nosso "dever"; há uma lacuna ou falha a ser solucionada. Nossa natureza atualmente "presta-se" tanto ao bem quanto ao mal. Precisamos tomar uma decisão entre esses dois destinos e não podemos (infelizmente!) deduzir, a partir de uma descrição de nosso presente rumo, que esse rumo é bom.

O BENEVOLENTE CRITÉRIO DE DEUS

Por que é relevante não podermos deduzir a lei moral a partir da natureza humana? Em parte porque estamos em busca de uma fonte para a autoridade da moralidade; se a representação dedutiva estivesse correta, teríamos uma dessas fontes. Mas também é importante porque afeta o modo como vemos nossa relação com Deus. Se a dedução funcionasse, concluiríamos que, visto que Deus criou os seres humanos com a natureza que possuem, até Deus estaria logicamente *forçado* a ordenar-lhes que seguissem a lei moral. A dedução é assim; aplica-se a tudo, até mesmo a Deus. O capítulo 1 sugeriu que a moralidade compõe-se de dois componentes: um conjunto de normas (com os valores a que se referem) e a diretriz organizativa. Essas normas apresentam um fundamento dado nos Dez Mandamentos entregues no monte Sinai, no Sermão do Monte e no grande mandamento para amarmos o próximo como a nós mesmos. Neste livro, parto do pressuposto de que a moralidade, vista dessa forma, prescreve o modo como todos os seres humanos deveriam viver. Não se destina somente a uma elite moral, ou apenas aos cristãos. A representação dedutiva afirma que toda essa moralidade pode ser deduzida a partir da natureza humana. Se isso for verdade, nem mesmo Deus pode, justificadamente, ordenar que seres como nós façamos qualquer coisa contrária a isso. A única maneira de evitar essa conclusão é dizer que Deus pode violar as leis da lógica. Alguns filósofos já disseram isso; no entanto, é uma posição radical que leva a toda uma sorte de conseqüências absurdas, como a afirmação de que Deus pode tanto ser como não ser Deus.

Melhor é imaginarmos que ele não tem necessidade de nos entregar um conjunto específico de ordens, e que a soberania divina não possui limites desse tipo. Em vez disso, podemos imaginar que Deus escolheu a lei moral como uma rota para chegarmos ao nosso destino, que é estarmos unidos com ele. Podemos ser gratos a Deus não apenas por nos ter criado, mas também por nos ter dado esse caminho excelente (o que Deus não tinha obrigação de fazer). Para citar apenas um exemplo, o oitavo dos Dez Mandamentos proíbe o roubo, o que pressupõe a propriedade privada. Somente é possível roubar algo que pertença a outra pessoa. Mas é presunção dizermos que Deus precisava ter decretado a propriedade privada. Existiram sociedades humanas sem isso, e os membros dessas sociedades não precisaram deixar de ser humanos para lá viverem. É melhor vermos os mandamentos não como uma necessidade que obriga a Deus, mas como um caminho que Deus escolheu para nós.

Rosa elabora uma caça ao tesouro para sua filha Lucy. Toda a casa e o jardim foram transformados em ambiente para o jogo, com cada pista levando à seguinte em uma seqüência previamente planejada. Se Lucy ficar sem saída, pode sempre pedir ajuda à sua mãe; mas Rosa tenta planejar a brincadeira de modo que a filha possa solucionar as pistas por conta própria. As pistas deveriam fazer sentido para qualquer pessoa que conhecesse a disposição da casa e do jardim; a pista final leva até o tesouro escondido. Como Rosa e Lucy se amam, o objetivo do jogo não é realmente achar o tesouro (embora a brincadeira seja organizada dessa forma). A brincadeira tem uma finalidade mais elevada: possibilitar que ambas se divirtam uma com a outra. A cada fase, Rosa se diverte com as descobertas da filha, e Lucy se diverte não apenas em seguir as pistas, mas também com a alegria de sua mãe durante todo o processo. Após a brincadeira, seu maior proveito foi esse prazer desfrutado por ambas. É verdade que, se Lucy não achar o tesouro, as duas ficarão frustradas; mas essa é só a mecânica da brincadeira, e não o seu valor. Certa vez, o primo de Lucy, Chad, apareceu para uma visita e participou da caça ao tesouro. Mas ele não partilhava do amor entre mãe e filha. Para ele, o tesouro era o principal, e um tesouro pequeno e decepcionante estragou a coisa toda.

Os planos de Deus para nosso bem podem ser semelhantes aos planos de Rosa para Lucy. Rosa não tem a obrigação de preparar a brincadeira de determinada maneira, apesar de seu encerramento obrigatoriamente consistir em alguma forma de união. Uma vez que as pistas estejam dispostas, o caminho para o tesouro está preparado, e é tarefa nossa descobri-las. O tesouro, a finalidade interna da caçada, é como um tipo de felicidade. Há um tipo de vida que é alcançada quando dizemos a verdade, honramos nossos pais e amamos nossos inimigos; e descobrimos que, ao vivermos dessa forma, progredimos, e o mundo, no que se refere à ética, faz sentido para nós. Se vivermos dessa forma, estamos repetindo em nossa vontade a vontade de Deus para nosso querer. Estamos endossando em nosso centro interno o que consideramos serem condições obrigatórias impostas pelo centro externo, que mantém nossas vidas e todo o universo em união. Mas não devemos nos iludir, imaginando que descobrimos algo que obriga a vontade de Deus em relação à nossa vontade, que Deus precisa determinar dessa forma, por causa da criação de seres com a natureza humana. Decididamente é possível, a exemplo do primo visitante, ficar excessivamente apegado ao tesouro, que é a finalidade interna da brincadeira. Da mesma forma que Duns Scotus comenta a queda de Lúcifer, é possível querer que o bem pertença exclusiva ou preferencialmente a alguém.

Há outra razão para preferir essa descrição, em que a lei moral é escolha de Deus. Por vezes, Deus é retratado nas Escrituras ordenando a violação de um dos Dez Mandamentos. Por exemplo: Deus ordenou a Abraão que matasse seu filho Isaque. Essa não é uma história de fácil entendimento. Uma explicação no Novo Testamento (Hb 11.19) insinua que Abraão acreditava que Isaque voltaria a viver e que ambos, ele e Isaque, desceriam a montanha, como disse a seus servos (Gn 22.5). Porém, se aceitarmos a representação dedutiva, Deus não poderia ter ordenado a Abraão fazer algo assim, visto que teria sido uma violação do sexto mandamento e, por conseqüência, obrigatoriamente errado. Outros casos são o elogio às parteiras hebréias (por terem violado o nono mandamento), a ordem para os israelitas tomarem o ouro dos egípcios sob a ameaça das pragas (violando o oitavo mandamento) e a ordem para Oséias casar com Gômer, a prostituta (violando o sétimo mandamento). Além disso, nas Escrituras hebraicas, podemos encontrar Deus ordenando a prática de certas ações (por exemplo, o extermínio dos cananeus) que representam flagrantes violações dos mandamentos neotestamentários acerca de como tratarmos os inimigos. Se a natureza humana é predeterminada, e a lei moral logicamente deriva disso, como Deus pode ter ordenado ações assim?

Dizer que a lei moral é escolha de Deus não é dizer que ela seja opcional para nós. Uma vez que ele a prescreveu como um caminho, ela se torna, na verdade, uma obrigação para nós, a menos que ele diga o contrário. A questão é precisamente que Deus pode fazer isso. Foi isso o que aconteceu com as leis dietéticas e cerimoniais hebraicas, de acordo com a tradição cristã; já não somos obrigados a guardar as antigas leis sobre o sacrifício e comida *kosher*. O mesmo poderia ocorrer com a lei moral. No que diz respeito ao oitavo mandamento, é possível que não haja propriedade privada no céu. Se for assim, esse mandamento perderá sua validade; deixará de fazer parte do caminho prescrito por Deus. Mas não precisamos deixar de ser humanos para que isso aconteça. Após o Pentecostes, a igreja primitiva abandonou a propriedade privada e "... tinham tudo em comum" (At 2.44). Algumas tribos nativas dos Estados Unidos não possuíam a instituição da propriedade privada. É possível que não tenha existido propriedade privada antes da Queda, mas isso não significa que Adão e Eva não fossem humanos no jardim do Éden. Deus pode entregar ordenanças distintas aos seres humanos, ou determinar caminhos diferentes para as diferentes fases da vida humana. Mas, na representação dedutiva, em que a lei moral é deduzida a partir da natureza humana, Deus não poderia fazer isso.

A ADAPTABILIDADE DA MORALIDADE

No entanto, ainda que a lei moral não possa ser deduzida a partir da natureza humana, adapta-se à natureza humana de maneira soberba. Florescemos quando a cumprimos, e, quando não a cumprimos, nós nos deterioramos. Veja o nono mandamento, que nos proíbe de dar falso testemunho. Como somos animais sociais e dotados de um corpo, precisamos nos comunicar por meio de imagens ou expressões verbais. E, para que essa comunicação funcione, precisamos supor que dizemos uns aos outros o que acreditamos ser verdade. Imagine um professor insensato que ensinasse, ao acaso, ora coisas que ele acreditasse serem verdadeiras, ora coisas que ele acreditasse serem falsas. Você não aprenderia nada com ele, pois jamais saberia o que anotar; cada frase dita por ele poderia tanto ser algo que você deveria acatar como algo que você deveria ignorar.

As mentiras atuam em dois sentidos, como se fossem parasitas, na estrutura fundamental da verdade. Em primeiro lugar, não podem existir sem essa estrutura fundamental, assim como um verme parasita não pode viver sem seu hospedeiro. Em segundo lugar, todavia, destrói a estrutura, como a tênia, que mata suas vítimas. Conforme a mentira se intensifica, a comunicação vai-se tornando mais difícil. Com o tempo, se as pessoas já não puderem confiar umas nas outras para dizer o que acreditam ser verdade em vez do que acreditam ser falso, a comunicação será interrompida. Logo, o nono mandamento adapta-se muitíssimo bem à nossa natureza, visto que somos seres sociais, enquanto a mentira a danifica.

Esse argumento pode ser generalizado em relação aos outros mandamentos dados por Deus, digamos, na segunda tábua dos Dez Mandamentos e no Sermão do Monte. Uma forma de entendermos isso é pensarmos na verdade em relação ao que disse Aristóteles acerca de monstros. Um monstro é uma aberração na forma da espécie, como um porco de duas cabeças, por exemplo. Segundo Aristóteles, ao reconhecermos que algo é um monstro, demonstramos ter noção de como devem ser as espécies. O mesmo vale para o reconhecimento que fazemos das falhas morais. Se reconhecemos algo como desvio do que deveria ser, demonstramos que temos noção de como o artigo genuíno deve ser. Uma pessoa que faz uma refeição belamente preparada apenas para encher o estômago é como alguém que usa um cinzel bem afiado para desatarraxar parafusos. Em ambos os casos, algo requintado é desperdiçado e mal-usado. Da mesma forma, temos a capacidade de nos comunicar, de modo que podemos partilhar uns com os outros nossos pensamentos e intenções. Pessoas particularmente talentosas nesse aspecto partilham a vida íntima de maneira surpreendente, tornando possível uma rica e sutil comunhão de propósitos. Se usarmos essa habilidade simplesmente para enganar, estaremos desperdiçando-a. Ocorrerá o mesmo se usarmos o sexo unicamente para o prazer físico, ou nossos pais apenas como fonte de recursos financeiros e hospedagem grátis. O mesmo é verdadeiro se usarmos o ódio pelo mal, que é correto, como uma desculpa para odiarmos um malfeitor que nos tenha ofendido. Em geral, podemos entender que deixar de viver conforme os mandamentos de Deus elimina nossas chances de ter o tipo de vida que melhor se adapte a nós, que nos realize.

Na analogia da brincadeira de caça ao tesouro, o tesouro assemelhava-se à vida de quem fala a verdade, honra os pais e ama seus inimigos. É importante o fato de ela ser um único tesouro. As várias partes da lei moral pertencem juntamente a um único todo integrado. Se estou certo da escolha de Deus nisso, temos mais uma razão para sermos gratos. Deus poderia ter estabelecido um caminho que não fosse integrado dessa maneira. Vou ilustrar esse conceito com mais uma analogia. A vida moral é como uma sinfonia escrita para a orquestra, e nossas capacidades são como os instrumentos. A peça musical não pode ser captada a partir dos instrumentos que a tocam. Você não tem como dizer o que será a peça simplesmente sabendo como são os violinos, oboés e trombones. Mas essa peça em especial exibe esses instrumentos excepcionalmente bem. A participação de cada instrumento será sob medida para aquele instrumento, e sua atuação dependerá da contribuição perfeitamente integrada de todos os outros. A peça é mais vulnerável a um colapso do que outra que não seja tão bem ajustada ao diferente brilho de cada instrumento. Imagine se um dos trombonistas se perde e toca com energia durante o melancólico solo do violino a um ritmo lento. A *arte da fuga*, de Bach, ao contrário, não foi escrita para nenhum instrumento específico e pode ser executada com êxito por centenas de diferentes combinações. É uma grande peça musical, mas não mostra esse tipo específico de integridade, em que a qualidade tonal de cada instrumento é calibrada de forma precisa para o sucesso do conjunto. Uma vida moralmente boa é mais semelhante à sinfonia.

Suponha que uma pessoa não tenha o cuidado de fazer uso da verdade. Imagine como isso afetará seus esforços para honrar seus pais e ser fiel ao cônjuge. É necessário honestidade para que haja confiabilidade. Ou pense em como somos constantemente tentados a cobiçar o que não nos pertence. Resistir a essas tentações exige que estejamos constantemente nos auto-examinando e evitando enganar a nós mesmos quanto a nossos verdadeiros desejos íntimos. Mas isso, por sua vez, exige que tenhamos o hábito de ser honestos com nós mesmos. Penso em como é importante e difícil que haja franqueza no processo de perdoarmos a nossos inimigos. Perdoar exige que reconheçamos toda a dor do dano causado; de outra forma, o perdão de uma falta transforma-se em tolerância. Logo, a interdependência entre as partes da lei moral traz-nos, ao mesmo tempo, um imenso risco de colapso e o potencial de grandes recompensas, por causa do tipo de plenitude que ela torna possível. A vida moral humana, se for bem vivida, possui uma unidade orgânica; o tipo de unidade que a vida do tatu possui na visão de Aristóteles, porém muito mais profunda porque muito mais complexa. Todas as partes são organizadas visando a tornar o conjunto possível, e nenhuma parte poderia ser suprimida sem tornar impossível aquele conjunto específico.

A analogia da sinfonia propõe que a vida moral é a mesma para cada indivíduo. Mas o capítulo 1 afirmou que o chamado de Deus não é apenas para a excelência humana, mas para uma excelência única para cada pessoa. A *Quinta sinfonia*, de Beethoven, pode ser interpretada por diferentes orquestras, com resultados bastante diferentes. Uma orquestra (como a da Filadélfia) terá um magnífico naipe de cordas, e outra (como a de Chicago) será famosa por seus metais. Maestros diferentes (como Bernstein e Furtwaengler) executarão a mesma obra com andamentos diferentes e darão maior ênfase a diferentes temas.

A adequação entre chamado e capacidade ocorre tanto individualmente como no âmbito das espécies. Deus nos chamará para uma perfeição exclusiva, que se adapte extremamente bem a nossas capacidades individuais.

Existem também adaptações provocadas pela cultura. É bom para todos que a família humana contenha esse tipo de variedade. Por exemplo, há um tipo de respeito pelos pais que é encontrado no sul da Zâmbia e em outras sociedades com menos mobilidade individual que nos Estados Unidos. Os filhos ficam junto dos pais enquanto estes estiverem vivos. Sem dúvida, há benefícios morais em podermos nos mudar com maior facilidade, mas também existem ônus morais. Começamos a pensar em pessoas e relacionamentos como acessórios descartáveis, como nossas roupas e mobília. E esses custos são mascarados pelas mesmas mudanças que produzem os benefícios. É bom que todos tenhamos uma visão mais ampla dos seres humanos com suas diferenças, em lugar de presumirmos que a forma como conduzimos nossa vida moral é a única correta. Podemos ser estimulados a tentar recuperar algo do que perdemos, talvez ao simplificarmos nossa forma de vida, ou ao deixarmos de jogar fora de maneira leviana os vínculos que temos com as outras pessoas. Mas, mesmo assim, deveríamos reconhecer que existem muitas formas legítimas de seguir a lei moral, o que é ilustrado por aqueles que levam vida correta em culturas diferentes.

Os mandamentos dados por Deus se ajustam à nossa natureza, mas não podem ser deduzidos a partir dessa mesma natureza. Ainda que nos seja difícil imaginar uma vida humana virtuosa não caracterizada pela obediência a essas leis específicas, isso é uma falha em nossa imaginação, e não uma exigência que imponha limites a Deus. Tentamos executar essa sinfonia em especial durante toda a vida e partimos do princípio de que essa é a única música que as orquestras podem tocar. Mas é realmente possível imaginar o homem sem propriedade privada, onde há recursos suficientes para nos desenvolvermos sem ela. Podemos imaginar a vida humana sem casamento, como nos foi dito que será a vida do homem no céu. E podemos imaginar nossos pensamentos sendo totalmente transparentes, uns para os outros, de modo que não haveria necessidade de concebermos formas externas de comunicação. O mandamento para não mentirmos perderia seu apelo, pois conheceríamos imediatamente os pensamentos uns dos outros. Com certeza, podemos pensar na vida humana sem os inimigos que devemos amar. A questão é que podemos imaginar o amor ao próximo em circunstâncias bem diferentes daquelas em que atualmente vivemos, por isso não temos como saber se as exigências desse mandamento específico dado por Deus são estritamente necessárias para qualquer forma de vida humana totalmente perfeita. Considerando nossas atuais circunstâncias, deveríamos ser comedidos em nossas afirmações sobre o que Deus precisa ordenar que façamos. Talvez, nessas circunstâncias, existam limitações para as ordens divinas. Mas deveríamos ser cuidadosos ao afirmar que sabemos quais são esses limites.

Não precisamos ser tão tímidos em relação ao primeiro dos dois grandes mandamentos que Jesus nos deu, a saber, amarmos a Deus de todo o nosso coração, de toda a nossa alma e de toda a nossa mente. Na analogia da caça ao tesouro, esse foi o ponto alto e a finalidade da brincadeira: o deleite mútuo entre Rosa e a filha. É possível que a finalidade íntima (o tesouro) e o ponto alto sejam distintos. Foi isso que aconteceu com Chad, o primo visitante. Poderia talvez achar o tesouro (se, ao ver-se sem saída, pudesse pedir a Rosa o auxílio necessário), mas não tinha como penetrar no amor existente entre Rosa e a filha. No entanto, embora a finalidade íntima e o objetivo principal possam ser distintos, isso não torna casual ou arbitrária a sua relação. Deus escolheu para nós um caminho que leva até nosso objetivo, que (segundo Scotus) é sermos co-participantes do amor de Deus, entrando no amor entre as pessoas da Trindade.

Voltando ao afresco de Rafael, "A Escola de Atenas", podemos dizer que ele estava certo ao insistir em retratar Platão e Aristóteles juntos no centro da pintura. Precisamos da ênfase de Aristóteles de que as formas (ou naturezas) estão no mundo, mas também precisamos da ênfase de Platão na transcendência, não das Formas, mas de Deus. Isso porque a natureza com que nascemos, que é o tipo de forma de Aristóteles, não nos diz a que capacidades e tendências satisfazer para levarmos uma vida moralmente boa. A substância estabelece instruções apropriadas de como devemos viver, mas trata-se da substância *criada*, e não da substância que encontramos em nossa própria natureza quando vivemos em uma sociedade humana. Sem a revelação de Deus, não temos acesso a um mapa (como as partituras da sinfonia) dos caminhos que afetaram nossa natureza criada e daqueles que não a afetaram.

Imagine se não tivéssemos a vida de Cristo como exemplo. Saberíamos, apenas ao analisar a natureza humana, que deveríamos amar nossos inimigos, perdoar setenta vezes sete, e assumir o papel de sermos servos uns dos outros? Acredito que, muito pelo contrário, chegaríamos, em linhas gerais, às conclusões de Aristóteles, ao analisarmos nossas inclinações naturais para o poder e o prestígio. Aristóteles viveu há 2500 anos, e a sociedade que conheceu era, em muitos aspectos, diferente da nossa. Mas sua descrição do tipo de vida que naturalmente buscamos corresponde muito mais ao "senso comum" do que à vida que Cristo deixou-nos como exemplo, que é radicalmente oposta a alguns dos valores que ainda achamos atraentes.

Satisfação é um tipo de auto-realização. Mas em nossa natureza, como a encontramos, estamos divididos entre o que chamamos, no capítulo 5, de "predisposição para o bem" e "propensão para o mal", de acordo com Kant. Logo, as atividades que nos gratificam ou levam à auto-realização também são divididas. Uma vida de riquezas e *status* é, de muitas maneiras, efetivamente gratificante. Mas, se queremos levar uma vida ética de acordo com a seleção moral proposta no capítulo 1, não deveríamos ansiar por esse tipo de realização. Martin Luther King Jr. dizia que deveríamos procurar ser pessoas que, pelos padrões do mundo, seriam tidas como "desajustadas". Deveríamos procurar servir, e não ser servidos. Deveríamos procurar reagir a ofensas com bênçãos. Para alguém como Aristóteles, analisando racionalmente nossas inclinações naturais, nada disso faz sentido. Para Aristóteles, a viúva que entrega no templo suas duas últimas moedas não é generosa, mas, sim, estúpida; obviamente ela não pode dar-se a esse luxo. A palavra grega para humildade, no Novo Testamento, é usada por Aristóteles para a desgraça que nem ao menos pode aspirar à virtude.

Quando refletimos em tudo isso, podemos ver que adaptação ou satisfação pode ser tanto algo bom como ruim. Depende de que parte de nosso ser estamos satisfazendo, ou a que estamos nos adaptando. Precisamos de algo mais, além da natureza humana com que nascemos, para nos dizer que satisfação buscar e que satisfação não buscar. Para esse papel, necessitamos de algo que transcenda nossa própria natureza. Na tradição cristã, temos Deus escolhendo nosso caminho, até que cheguemos ao final revelando isso na vida de Cristo. Nesse quadro, alcançar aquele fim realmente nos trará realização. Quando chegarmos lá, nos sentiremos completamente nós mesmos, tanto em nossa natureza comum no aspecto humano quanto em nossa essência individual. Mas, se eu me perguntar *agora*: "O que fará com que eu me sinta plenamente eu mesmo?", sem apelar à revelação, terei uma resposta dividida. Nesse quadro, não é apenas a realização que dá autoridade ao caminho moral, mas a escolha de Deus e a revelação do melhor tipo de realização para nós.

8

RAZÃO

O CAPÍTULO 5 LISTOU CINCO propostas diferentes para a fonte de autoridade da moralidade. Este capítulo examinará a terceira delas: a razão. O assunto principal do capítulo é o fato de nossa razão ser limitada, tanto no que concerne ao acesso à informação quanto em sua capacidade de ser imparcial. Isso significa que não podemos contar com ela para dizer-nos como viver. A conclusão dos dois capítulos anteriores pode ser estendida à razão. Não conseguimos simplesmente "enxergar", munidos de nossa razão, os valores que contribuem para uma vida virtuosa e, conseqüentemente, por que deveríamos tentar ser bons. Essa foi a afirmação do capítulo 6. No capítulo 7, argumentou-se que nossa razão não consegue simplesmente discernir nossa natureza e, a partir disso, deduzir que a moralidade é algo que não podemos evitar. O capítulo atual lida de forma mais direta com as pretensões da razão. A conclusão é a mesma dos dois capítulos anteriores: precisamos de algo *além* de nossa razão, a fim de reconhecermos *em* nossa razão seu valor devido.

O capítulo 5 também atribuiu valor à razão, ao dizer que sentiremos que nossas vidas são importantes se elas forem coerentes com os valores fundamentais que partilhamos com as pessoas que nos cercam. Nossa razão nos faz aspirar a esse tipo de importância. O presente capítulo nega que nossa razão, por si só, nos dê motivo suficiente para esperarmos por isso, embora a fé possa nos dar esses motivos.

Este capítulo mostra que a razão aponta uma situação idealizada, da qual podemos cogitar sobre o que fazer e como viver. Essa posição é descrita no capítulo 1 como a "posição da pessoa que melhor pode avaliar e tratar o bem-estar do todo". Mas nossa razão não será a fonte de autoridade da moralidade, porque, embora aponte para essa posição idealizada, não a ocupa. Nossa razão é imperfeita, por isso precisamos pensar em uma posição de avaliação melhor que a nossa. A primeira seção deste capítulo demonstra que essa posição, ao contrário da nossa, não é limitada em seu acesso à informação. A segunda seção acrescenta que ela não é limitada por nossa tendência de preferirmos, em vez dos outros, a nós mesmos. A terceira seção usa a versão de um raciocínio de Immanuel Kant de que nossa razão não apenas aponta uma posição imaginária, mas exige-nos fé em uma verdadeira harmonia de propósitos que pode dar sentido à vida. A última seção afirma que também precisamos ter fé em que nossos propósitos condizem com o desenvolvimento exclusivo de cada pessoa, mas nossa razão não é em si suficiente para fundamentar essa fé. Como nos capítulos 6 e 7, a conclusão é de que a fonte proposta para a autoridade da moralidade (nesse caso, a razão) não é o bastante na ausência da fé em Deus.

LIMITES DA INFORMAÇÃO

Rosa quer comprar um carro usado. A manutenção daquele que ela tem agora já é muito mais cara que o valor do veículo. Ela visita algumas agências, escolhe o modelo que deseja e, por fim, decide-se pelo que parece ser o melhor negócio em vista das opções disponíveis. Que posição ela consideraria ideal para tomar essa decisão? É mais fácil ver que posição não seria boa. Vamos imaginar que o carro que ela comprou, apesar de bonito por fora, revelasse estar em péssimas condições. Em algum momento, Rosa teria de instalar um motor novo, e o câmbio apresentava um grave problema que nunca poderia ser solucionado. Tudo isso seria, é claro, um pesadelo. Para diminuir o risco de isso acontecer, ela leva o carro a um mecânico conhecido antes de comprá-lo. Ou suponha também que ela compre o carro e, uma semana mais tarde, descubra em outra loja um veículo idêntico por preço bem menor. Mais uma vez, uma catástrofe. O que esses exemplos indicam é que ela tomaria uma boa (racional) decisão se tivesse todas as informações relevantes disponíveis antes de fechar o negócio.

Trata-se de um quadro idealizado ao extremo. O livro *Value and the good life* [*Os valores e uma vida virtuosa*], de Thomas Carson, ajudou-me a enxergar isso. Quando percebemos a importância da informação, conseguimos ver que nenhum ser humano poderá saber tudo sobre determinado assunto. Consideremos a parte mecânica do carro. Para saber as vantagens de cada veículo, Rosa teria de conhecer as condições de cada componente. Se a pintura original do carro começou na sexta-feira, parou durante o fim de semana, e recomeçou na segunda-feira pela manhã, essa informação é relevante. Se a liga de aço do bloco do motor apresenta um defeito microscópico, essa informação é relevante. Se o antigo dono, certa vez, enquanto trocava o óleo, deixou cair uma ponta de cigarro dentro do motor, isso é relevante. Todas essas informações referem-se ao passado do veículo, e uma posição ideal seria aquela que tivesse acesso a todas essas informações sobre todos os carros que Rosa poderia comprar. Mas a posição ideal seria também aquela em que Rosa saberia sobre o futuro desses veículos.

Deparamo-nos aqui com questões complicadas acerca da relação entre Deus e o tempo, e já afirmei que não compreendo essa relação. Mas, se for possível que alguém saiba que o veículo ficará irremediavelmente danificado em seis meses, a pessoa dona desse conhecimento estará certamente em posição melhor que a de Rosa. Se o conhecimento do futuro é impossível até para um Deus onisciente (como pensam alguns filósofos), ainda é relevante sabermos das possibilidades de mau funcionamento do veículo, e isso é algo que nós, humanos, até agora não sabemos estimar com exatidão.

Uma pessoa pode, sem dúvida, tomar uma boa decisão a respeito de um carro usado, sem ser onisciente. Mas se a questão é: "Qual é a posição ideal para tomar tal decisão?", a resposta parece inevitavelmente esta: "A posição de Deus, aceitando-se o fato de que ele existe". Uma forma de vermos isso é compararmos decisões tomadas em duas posições distintas. Na primeira posição, imaginamos o que preferiríamos se tivéssemos todas as informações realmente ao nosso dispor. Na segunda posição, imaginamos o que preferiríamos se tivéssemos absolutamente todas as informações. Uma vez que é possível haver informações importantes fora de nosso alcance, a maioria de nós, com certeza, preferiria a segunda posição à primeira. Contudo, informações completas somente estão ao alcance de Deus, partindo-se do pressuposto de sua existência.

Neste ponto, deparamo-nos com uma segunda questão relacionada ao assunto. Rosa precisa saber quais são as probabilidades de o vendedor a estar enganando quanto às vantagens do carro. Ela agora precisa conhecer a natureza humana, em vez dos prováveis defeitos de peças automotivas. Precisa conhecer os aspectos da corrupção que podem infectar até mesmo uma pessoa absolutamente comum, que ganha a vida convencendo outros a comprarem coisas caras sobre as quais eles não sabem muito. Temos aqui as mesmas dificuldades da questão anterior, quanto à informação necessária para estarmos totalmente informados. Mas agora temos algumas dificuldades adicionais. Esse tipo de informação exige que olhemos dentro do coração das pessoas. É lógico que algumas pessoas são melhores que outras na avaliação de caráter. No entanto, nenhum de nós é muito bom nem em perceber nossos próprios motivos. Ademais, seríamos prejudicados pelo tipo de conhecimento que isso nos traria. Acredito que o véu que esconde nossos pensamentos uns dos outros é uma expressão de piedade. A vida seria insuportável se, durante todo o tempo, soubéssemos o que as pessoas pensam de nós.

Um terceiro problema é o fato de a mente humana ser afetada pela maneira por meio da qual as informações são apresentadas e pela forma como elas são estruturadas. Existem muitos estudos psicológicos que demonstram como isso ocorre, por exemplo, quando cidadãos votam em uma eleição. Pacientes informados de que uma cirurgia tem 70% de chance de sucesso são muito mais propensos a realizá-la que aqueles que são informados de que há 30% de risco de fracasso. Mas a posição ideal, a partir da qual se toma uma decisão, certamente não seria afetada dessa forma. Além disso, somos influenciados pela linguagem utilizada na descrição da informação. Tomo emprestado, neste ponto, um exemplo de J. David Velleman. Se imaginarmos uma cirurgia cardíaca invasiva, haverá diferença para nós se ela for descrita em termos médicos como *incisão*, *sutura*, *coágulo* e *hemorragia*, ou em termos leigos como *retalhar*, *costurar*, *pedaço* e *jorro*. Há também diferença entre a informação apresentada verbalmente e a apresentada em tela cheia, com todos os recursos audiovisuais possíveis. Queremos informações vívidas, mas igualmente distância emocional suficiente para preservar o estado de ânimo. Provavelmente, não há modo de apresentar informações que mantenha esse equilíbrio estável. Esses casos indicam de diversas formas que a mente humana não é concebida para alcançar o ideal do qual, apesar de tudo, tentamos nos aproximar no processo decisório.

A dificuldade mais marcante é a quarta. Para o homem, adquirir informação tem um preço a ser pago. Pode tão-somente ser questão de comprar um manual, ou de empregar tempo e esforço na consulta de um especialista. Mas, além disso, há o que os economistas chamam de "custo de oportunidade". Se estamos adquirindo informação, há algo mais que não estamos fazendo e, portanto, algo de valor que estamos sacrificando. Rosa visita certo número de lojas de carros, à procura do veículo perfeito, mas, em algum momento, ela precisa seguir em frente com sua vida. É verdade que poderia encontrar o carro perfeito se sua busca cobrisse uma área geográfica relativamente ampla. Mas ela não pode dispor do tempo necessário para isso. Mais uma vez, trata-se de uma limitação incorporada à condição humana. Idealizamos uma posição que não seja limitada nesse aspecto. Esse ideal torna compreensíveis os esforços que empreendemos para nos aproximarmos dele o mais possível, bem como o preço que precisamos pagar pela informação. Mas sabemos que nossa vida compreende mais que uma única decisão, e não podemos arcar com os custos necessários para adquirirmos todas as informações relevantes àquela única decisão. Então, chegamos a um meio-termo na localização de informações para essa decisão específica.

Empenhamos, em linhas gerais, o tanto de esforço que cremos valer a pena no contexto de nossa vida como um todo.

LIMITES DA IMPARCIALIDADE

Até aqui, vimos os limites de nossas informações. Há um limite igualmente significante em nosso comprometimento com a imparcialidade. Todas as quatro limitações consideradas até agora referem-se às decisões que as pessoas tomam com relação ao que é melhor para elas. Mas, como exposto no capítulo 1, a moralidade não permite que, no processo decisório, as pessoas dêem mais importância a si mesmas do que a qualquer outra pessoa afetada pelo que fazem. Cada pessoa conta como se fosse a única, e ninguém vale mais que seu próximo. Uma pessoa ética, de acordo com o capítulo 1, preocupa-se com o bem-estar dos seres humanos, atribuindo-lhes o mesmo valor. O problema é que quase nunca concedemos esse tipo de valor eqüitativo às pessoas.

Em parte, trata-se mais uma vez de informação limitada. Tratar outra pessoa como igual exige que partilhemos de suas intenções (ou propósitos) eticamente cabíveis, tomando tais propósitos como se fossem nossos. Mas muitas vezes não sabemos que intenções são essas e, logo, não podemos partilhá-las. Na verdade, a situação é ainda pior. Não apenas ignoramos que intenções sejam essas, mas também atribuímos intenções às outras pessoas. Presumimos que ou são como nós ou são semelhantes a algum estereótipo que temos em mente. Vejamos um exemplo do primeiro tipo. Se desejo exageradamente preservar minha privacidade, ficarei inclinado a presumir que uma pessoa que esteja sentada sozinha na lanchonete não deseja ser perturbada, escolhendo, então, outra mesa que esteja vazia. Por outro lado, se sou exageradamente sociável, ficarei inclinado a interpretar que seu comportamento significa querer companhia, sentando-me, então, à mesa ao lado. A pessoa pode ter se comportado de forma igual e neutra em ambas as ocasiões, nem encorajando nem desencorajando um contato mais íntimo. No entanto, projeto meus desejos sobre ela, como se fosse um espelho que reflete minha imagem. Um estereótipo funciona de maneira diversa, projetando um retrato fixo sobre uma pessoa. Quando descubro que me sentei ao lado de uma moça da igreja episcopal, presumo que ela não vá querer um pedaço de meu modesto sanduíche de queijo cremoso e picles.

A fim de conhecer os propósitos de outra pessoa, para que possa tomá-los para mim, preciso examinar o interior de seu coração. E a única pessoa em posição de fazer isso é Deus, partindo-se do pressuposto de sua existência. Então, parte da problemática ética é não conhecer as outras pessoas suficientemente bem. Mas suponha que eu tenha ao menos uma idéia geral dos propósitos da outra pessoa. Surge, então, outra dificuldade: tenho de atribuir a seus propósitos a mesma importância que atribuo aos meus.

Rosa reconhece com clareza que a pessoa sentada ao lado dela no ônibus está faminta. Ela fitou desejosa o sanduíche de queijo que Rosa retirou da bolsa de viagem. A questão é se ela lhe oferecerá a metade. Ela mesma está com muita fome, e isso não é fácil; no entanto, consegue lidar com a questão por ter o perfil virtuoso descrito no capítulo 1. Sente-se bem após tê-lo feito (embora não o tenha feito para se sentir bem). Mas, quando chega ao terminal central, depara-se com necessidade muito maior. Precisa pegar outro ônibus, e o homem que senta ao lado dela no terminal provavelmente esteve lá a noite toda, talvez por várias noites. Essa pessoa também está faminta, e Rosa pensa em oferecer-lhe um desjejum na lanchonete. Mas ele não é a única pessoa necessitada de ajuda por ali. Uma mulher, na fileira de cadeiras oposta, suspira de forma ofegante e profunda. Rosa fica pensando se deveria aproximar-se e ouvir sua história. Não quer se meter, mas fica curiosa a respeito da carta que a mulher revira nas mãos. Será que ela não precisa de um ombro amigo?

Eis a problemática em miniatura. Quanta importância Rosa pode atribuir a seu desejo por um pouco de paz e tranqüilidade, em meio a uma viagem longa e cansativa? Ela realmente deve tratar as próprias necessidades como se não fossem mais importantes que as de qualquer outra pessoa? Não finjo saber onde está o equilíbrio nessa situação. Mas o que estou afirmando é que ela também não sabe, não obstante suas muitas virtudes. Na situação que ela idealiza, todas as pessoas envolvidas, inclusive ela mesma, são amadas da mesma forma. Mas esta não é a situação na qual ela realmente se encontra. Esta é a posição ocupada por Deus, partindo-se do pressuposto de sua existência. O que ela gostaria de conhecer é a vontade de Deus para seu querer. Isso é problemático para Rosa até mesmo ao comprar seu carro usado. Quantos outros acessórios seria bom que ela procurasse em um veículo? O básico é suficiente, ou ela deve insistir no ar-condicionado ou no teto solar? A resposta depende em parte da importância atribuída a seu próprio conforto, visto que o carro será para ela dirigir.

O capítulo 1 descreveu os dois elementos da lacuna moral: a exigência moral e nossas (imperfeitas) capacidades naturais. Acrescentei que muitas pessoas juntam um terceiro elemento aos dois primeiros: um eventual ser sagrado que é a fonte da exigência. Agora, podemos ver por que a razão poderia exigir o terceiro elemento dessa descrição.

UMA HARMONIA DE PROPÓSITOS

Até aqui, o ideal da razão foi apresentado como apenas um ideal, uma perspectiva possível, que concebemos como um tipo de critério do qual devemos nos aproximar. Mas a razão nos dá mais que apenas um ideal. No capítulo 4, já foi apresentado um fundamento dessa afirmação. Se formos perseverar na vida moral, a razão exige que acreditemos na coerência dos fins que perseguimos. Essa coerência impõe limites não apenas ao que imaginamos, mas também ao que imaginamos ser real.

A vida de Rosa abriga alguns propósitos incompatíveis. Não são propósitos incompatíveis em sua essência, mas em função das situações em que ela se acha. Um amigo de Rosa, ao apresentar um recital de Bach, introduz alguns daqueles pequenos arranjos românticos que tanto ela abomina. Será que ela deveria falar algo a respeito, ao vê-lo depois do concerto? Sim e não. Ela deseja encorajá-lo e dizer coisas agradáveis sobre a apresentação. Por outro lado, ele é culpado de uma grave deselegância e não deveria sair impune. Rosa valoriza a honestidade e sente-se mal sempre que se vê em uma situação que requer algo abaixo da verdade absoluta. Esses propósitos são incompatíveis porque ela se encontra em uma situação na qual não pode satisfazer a todos eles. Então, Rosa tem de optar.

Isso também é verdadeiro quando ela partilha dos propósitos de outras pessoas. Valoriza imensamente um grupo específico de amigos, mas preocupa-se com a possibilidade de esse grupo tornar-se exclusivista. Também tem uma amiga meio desajeitada, Beth, que gostaria de fazer parte do grupo, mas não parece ser capaz de relacionar-se com os demais. Rosa quer partilhar dos propósitos éticos de todos os seus amigos, e isso significa tomar para si seus propósitos. No entanto, quando ela descobre o que Beth e seus amigos desejam, esse compartilhamento a coloca diante de um dilema. Como pode tomar para si, ao mesmo tempo, o propósito de que Beth junte-se ao grupo e o propósito de que não se junte a ele?

A razão não exige que os propósitos ou motivações primordiais das pessoas sejam coerentes, mas que elas acreditem na coerência dos propósitos que decidem perseguir. Quando escolhemos algum objetivo virtuoso que desejamos perseguir, precisamos crer que podemos alcançar esse objetivo (não necessariamente por nossos próprios e exclusivos recursos). Comumente, não buscamos um bem isoladamente, mas em consonância com um pano de fundo formado por outros bens que desejamos juntamente com esse. Muitas vezes, são esses outros bens que dão sentido à nossa busca do primeiro bem. Os outros objetivos dão ao primeiro seu significado mais abrangente.

Rosa quer encorajar seu amigo violoncelista. Esse desejo faz sentido em relação ao contexto do conjunto de valores que possui, descrito inicialmente no capítulo 1 e detalhado nos capítulos posteriores. Ela decide que dirá algo sobre os arranjos, pois não pode ser fiel à amizade e falsa a respeito da música. Ambos amam a música, que forma o alicerce do prazer que desfrutam na companhia um do outro.

Temos aqui a estrutura de uma rede de bons objetivos, e a amizade, a música e a honestidade estão enquadradas nessa estrutura. A amizade não faz sentido fora dela. Não é, nem poderia ser, um bem buscado isoladamente. Amizade é sempre uma avaliação compartilhada de algo além da amizade em si. O significado ou a importância de uma vida é dada por essa estrutura de objetivos virtuosos. Nem todos os valores possuem o mesmo poder para conferir importância. Valores que têm mais desse poder, como o valor da boa música, atribuem importância aos valores que têm menos desse poder. Não raro, os valores que possuem mais poder serão partilhados na comunidade a que uma pessoa pertence e nos relacionamentos que lhe são caros. Quando Rosa decide-se por uma atitude, está endossando uma estrutura de bens que dá importância à sua ação. Mas ela, então, precisa crer que essa estrutura de bens é coerente, a fim de que todos os bens que a formam possam ser alcançados em conjunto (ainda que não necessariamente por seus próprios recursos).

Nem todas as pessoas têm o mesmo nível de integração em seus desejos, mas integração é um sinal de maturidade. Em *The moral gap* [*A lacuna moral*], aponto as diferenças entre Tigrões (que têm uma grande intensidade de desejos, considerando-os isoladamente, mas sem grande integração entre eles) e Bisonhos[1] (que possuem integração acentuada, mas intensidade reduzida, desejo a desejo). Afirmo que há um desenvolvimento característico desde a adolescência até a meia-idade, no qual os desejos típicos de um Tigrão vão se desgastando (como pedras pontiagudas em um tambor de polimento) até perderem sua contundência. Uma pessoa com cinqüenta anos de idade se conhece melhor e sabe que existem caminhos alternativos para alcançar o que valoriza. Não fica tão confusa quanto um adolescente, quando um desses caminhos é interrompido.

Integração não é o mesmo que hierarquia generalizada de desejos. Como alguns filósofos contemporâneos, o filósofo Friedrich Nietzsche, no século XIX, negava a necessidade de um padrão transcendente, a partir do qual podemos julgar nossos valores. Contentava-se em beber seu chocolate todas as manhãs — um pequeno bem, deixando de lado sua importância,

[1]Tigrões e Bisonhos: Personagens do desenho *Ursinho Pooh*, dos Estúdios Walt Disney. (N. do T.)

justificada por alguma longa história sobre o propósito moral de sua vida ou do universo como um todo. Mas até mesmo Nietzsche (tal qual um adolescente) precisava crer que seus propósitos ocasionais, embora discrepantes, eram grandemente coerentes entre si. Imagine a possibilidade de um demônio que se divertisse em transtornar nosso cotidiano. Imagine que, sempre que visássemos a algum bem, ele despejasse sobre nós algum flagelo, e que a aversão despertada fosse maior que o amor que sentimos pelo bem em questão. Imagine que todas as vezes que Nietzsche se sentasse para tomar seu chocolate, o demônio aparecesse disfarçado como um tedioso metafísico e não partisse até conseguir vinte minutos de conversação. Puxa, isso seria o fim do chocolate! Agora suponha que o demônio não aja sempre assim com os propósitos de Nietzsche, mas a maior parte do tempo ou metade dele. Seria como o professor insensato (mencionado no capítulo 7), ensinando, aleatoriamente, a seus alunos, ora coisas que ele acredita serem verdadeiras, ora coisas que ele acredita serem falsas. Os alunos não conseguiriam aprender nada em seu curso. O mesmo aconteceria se fôssemos vítimas desse demônio, com a diferença de que nossa sina seria não conseguirmos ponderar sobre o que fazer. Não haveria sentido algum.

Embora haja boas coisas, como o chocolate quente de Nietzsche, que sejam comparativamente isoladas de uma estrutura maior de valores, elas provavelmente não têm poder para manter o interesse de uma pessoa pela vida. Esse é o paradoxo da vida do esteta, como Sören Kierkegaard[2] o descreve em *Either*

[2]Sören Aabye Kierkegaard, filósofo e teólogo dinamarquês (1813–1855). Segundo ele, a existência humana passa pelas etapas estética, ética e religiosa, sendo a religião (o cristianismo) a etapa mais elevada da existência. Ele é considerado o precursor do existencialismo. (N. do E.)

/ *Or* [*Ou... ou*]. Kierkegaard o imagina como um observador no topo do mastro de uma embarcação, quando ondas arrebentam no convés, logo abaixo dele. A embarcação é uma metáfora de sua própria vida. A visão superior do convés é interessante, mas ele não se compromete, nem quer comprometer-se, com ele. O piloto, por outro lado, precisa tomar decisões sobre como enfrentar a tempestade. O paradoxo é que o esteta não pode manter seu interesse sem comprometer-se. As mesmas coisas que tornam a vida interessante são maiores que ele e exigem comprometimento. São coisas como o casamento ou um emprego digno. O esteta quer ficar solto, ou alheio, apreciando seus mesquinhos prazeres estéticos, um por vez, sem nenhuma narrativa mais ampla que faça com que tudo tenha sentido. O argumento de Kierkegaard é que uma vida assim é simplesmente enfadonha.

É mais difícil acharmos coerência em nossos objetivos quando levamos em conta os objetivos que tomamos de outras pessoas. Esse é o problema com Beth e a panelinha. Mais uma vez, Rosa opta pela honestidade, embora ela seja dolorosa. Sua amizade com o grupo baseia-se em certo tipo de franqueza e sensibilidade, que os outros estão transgredindo. Rosa acredita que, se os outros ao menos deixarem Beth entrar, esta talvez ache uma forma de se tornar um valioso membro do grupo, embora não imediatamente. E ainda que isso não funcione, eles pelo menos deveriam tentar. Ela, então, diz a seus amigos que não permanecerá com eles, se insistirem em manter Beth de fora. Ela visualiza um mundo que tem o grupo seguindo satisfeito, tendo Beth como novo membro (embora o grupo tivesse de mudar um pouco). Se Rosa vai agir de acordo com essa visão, precisa crer que esse cenário é possível.

Agora imagine a esfera mais ampla na qual ela vive. Rosa afeta centenas de pessoas quando dirige, faz compras e ensina seus alunos. Precisa acreditar no alcance dos seus propósitos ao mesmo tempo que as pessoas de sua relação precisam alcançar os delas (contanto que os propósitos delas não sejam moralmente proibidos). O mundo poderia ser um tipo de lugar onde alguns podem ser felizes somente se a maioria não for, ou onde Rosa só pode ser feliz se os outros não forem. Ela precisa acreditar que o mundo não é assim. Como no capítulo 4, "ela precisa" significa que ela precisa, se desejar uma visão coerente. Pode ser que muitas pessoas nem pensem no assunto, mas essa crença, apesar de tudo, está implícita na forma como a maioria dá andamento às suas vidas.

Quando pensamos em como a felicidade das pessoas pode se encaixar, temos um estrondoso problema de coordenação. Rosa precisa crer não apenas em um ideal imaginário, mas também em uma verdadeira harmonia de propósitos. O que pode explicar uma harmonia dessa natureza? Essa questão é uma versão moral da questão da ordem do cosmo como um todo. *Cosmo* é uma palavra grega que pode ser traduzida por "harmonia". Podemos perguntar: O que explica a ordem cósmica? Algumas pessoas responderão: "Bem, simplesmente está lá, e não precisamos de uma explicação". No entanto, o problema é que existem tantas evidências físicas de forças e elementos que fica difícil explicar a existência e sobrevivência desse cosmo. Sentimos necessidade de introduzir algo mais, algo que não compreendemos, a fim de explicar como, apesar de tudo, o cosmo passou a existir e continua existindo. No âmbito moral, algumas pessoas, da mesma forma, dirão que a harmonia de propósitos simplesmente existe. Mas vemos forças agindo no indivíduo e na sociedade, perturbando essa harmonia. A doutrina cristã denomina-as coletivamente de "pecado". Precisamos de alguma explicação para o que detém essas forças e o que canaliza o bem em nós em direção à harmonia.

O capítulo 4 sugeriu para esse papel a doutrina da providência na forma moral, definindo-a como o "ordenamento que permeia o universo, permitindo que ele faça sentido no aspecto moral". Esse ordenamento, nessa linha de raciocínio, não precisa ser feito por Deus, embora a tradição cristã atribua esse papel a ele, tanto no reino científico como no reino moral. Abraham Kuyper[3] escreveu: "A coerência das coisas é sua relação original com Deus". O capítulo 4 asseverou que esse ordenamento condiz com nossas experiências trágicas. Há bastante mal no mundo, de modo que algumas vezes não temos boas opções, mas somente uma escolha entre opções ruins. Certamente os propósitos das pessoas são muitas vezes impossíveis de serem alcançados em conjunto se, por exemplo, um grupo deseja matar o maior número possível de pessoas de outro grupo. Não obstante, crer na providência é crer que nem tudo o que existe é tragédia; que o bem no mundo é mais fundamental que o mal e, por fim, prevalecerá. Creio que, se acreditássemos que tudo se resume em tragédia, não conseguiríamos manter uma vida ética.

Existem muitas representações diferentes do que poderia ser a providência. Apresentarei, de maneira breve e em linhas gerais, três formas de vinculá-la a Deus, começando pela menos pretensiosa em termos do quanto precisamos crer. A primeira vê Deus agindo inteiramente dentro do ser humano (ou de outros seres vivos). A segunda vê Deus agindo dentro do universo, mas

[3]Político e teólogo holandês (1837–1920), fundador do partido calvinista anti-revolucionário; foi primeiro-ministro de 1901 a 1905. (N. do E.)

como uma força atuante nos seres humanos (ou em outros seres vivos), e não apenas em seu interior. A terceira vê Deus não apenas agindo dentro do universo, mas também atuando como um agente sobre o universo.

Primeiramente, poderíamos pensar em Deus dentro dos seres humanos em conjunto, como um espírito que os mantém unidos, um tipo de "espírito santo". Cada ser humano possui um valor próprio e insubstituível, e, à medida que reconhecemos esse valor, pomos esse espírito em ação em nós mesmos, estimulando-o uns nos outros. Nessa representação, Deus não é transcendente. Mas é, ainda assim, mais que qualquer indivíduo, ou até mais que a soma de todos juntos. Afinal, Deus é o espírito que busca, além do modo como efetivamente vivemos, uma vida na qual todos reconheçamos uns nos outros o valor exclusivo de cada um. Aqui, poderíamos pensar na providência como um tipo de impulso em direção à solidariedade, gerado a partir de nossa vida à medida que vivemos moralmente bem. Podemos ir além do homem, se pensarmos nos outros seres que vivem como lhes é proveitoso viver. No entanto, de acordo com essa representação, se toda a vida no universo tivesse um fim, Deus também teria um fim.

Ou poderíamos pensar em Deus ainda dentro do universo — não apenas nas coisas vivas, mas como uma força similar ao amor agindo sobre elas. Pode ser que essa força, na prática, crie vida em primeiro lugar. O capítulo 2 discutiu essa possibilidade em sua última seção. Uma analogia possível seria a entrada e a saída de dinheiro em um grande banco. Podem ser feitos depósitos e retiradas, mas a moeda não é dinheiro, e sim amor. O amor tem o poder de transformar tanto as pessoas que amam como as pessoas que são amadas. A providência, nessa representação, seria mais dinâmica que a providência na representação anterior. Nos termos da analogia, a guarda e a transferência da moeda são garantidas. Nesse banco, uma pessoa pode depositar e outra pode (até certo ponto) sacar os fundos. Assim, os propósitos dos diferentes usuários do banco são coordenados. Deus tem certa transcendência nessa representação. Não está confinado a substâncias vivas, mas atua nelas a partir do exterior. Todavia, nessa representação, se o universo deixasse de existir, Deus também deixaria de existir.

Ou, por fim, poderíamos pensar em Deus como um agente que atua no universo, estando além dele. Uma concepção é vermos Deus como rei ou soberano. É complicado no mundo moderno (em especial para os americanos) imaginar o que seria ter um rei. Mas podemos ilustrar que Rosa tem em seu reino-sala de aula os poderes legislativo, executivo e judiciário. Ela não é tirana, mas supervisiona a educação de seus alunos de uma posição superior à deles. Nessa representação, a providência é a formação do currículo pela professora (a autoridade legislativa), sua implementação diária e os cuidados com as necessidades individuais de cada aluno (a autoridade executiva), além de seu oportuno castigo ou recompensa (a autoridade judicial). Desse modo, ela canaliza os propósitos dos alunos (a princípio díspares e, muitas vezes, em conflito) para criar um ambiente de aprendizagem sadio para todos. Porém, a existência de Rosa não depende da existência dos alunos. Ela existia perfeitamente bem antes de se tornar professora.

O cristianismo reúne elementos de todas essas representações. Deus está no universo, tanto dentro de nós como sobre nós, e também está além do universo. O que todas essas representações têm em comum é que cada membro do "reino" ao qual pertencemos é auxiliado por algo maior que cada um de nós na formação de um todo coerente. "Providência" é o nome desse algo. Nossa razão exige que não nos limitemos a imaginar isso como um ideal, mas que creiamos que efetivamente funciona assim, mesmo que nossa razão não tenha em si a capacidade necessária para nos dar isso.

A RAZÃO E A PECULIARIDADE

Finalmente, podemos retornar a outro problema levantado no capítulo 5, o qual se refere aos limites da razão. Tal capítulo afirmou que a moralidade é irredutivelmente pessoal, e verificamos o exemplo de Rosa e os sapatos de Lucy. Alguns filósofos pensam que a razão lida apenas com pressupostos universais: o que é ou pode ser comum a diferentes coisas, tempos e lugares. Suponha que eu jogue uma pedra em uma janela. Interessam à razão, na ciência, as leis que regem o impacto de algum projétil com determinada massa e velocidade contra alguma superfície com certa tenacidade. Podemos talvez ver ou tocar a pedra ou janela de onde partimos em nosso raciocínio. Mas, quando começamos a ponderar sobre o impacto, passamos a um nível mais abstrato, em que já não mencionamos objetos específicos. Restam-nos apenas as leis, que se aplicam a quaisquer objetos de gênero semelhante. A ciência, sem dúvida, vai além disso. Mas, se esse é nosso exemplo de como é a razão, ela não cobre a moralidade integralmente. Cobre a parte da moralidade que lida com regras e leis. Mas, no que se refere a essa característica distintiva, também há uma parte da moralidade que tem mais a ver com olhar e tocar. Rosa possui uma relação moral com Lucy vinculada primordialmente a ela. Não pode ser capturada por nenhum enunciado de obrigações que dispense referências a Lucy, substituindo-as por referências a toda e qualquer pessoa que seja sua filha, tenha sete anos de idade, esteja aflita, e daí por diante. A relação moral vincula Rosa à essência individual de Lucy, mesmo que Rosa reconheça isso somente de forma parcial e fragmentada.

Shakespeare tem um famoso soneto que começa assim:

> Que eu não aceite empecilhos à união
> de espíritos puros. Amor não é amor,
> se quando encontra obstáculos se altera,
> ou cede a quem quer extingui-lo.

Esse soneto apresenta um notável e elevado ideal de amor verdadeiro. Alguns críticos contemporâneos já o desprezaram como "vazio" ou "grandiloqüente", ou como mera religiosidade convencional. Alguns sugeriram uma leitura levando em conta que o narrador finge para si de forma desesperada que não sabe o que todos sabemos: que o amor não é, de modo algum, assim. Mas a tradição cristã da qual Shakespeare faz parte ensina que somos capazes, com a ajuda de Deus, de um tipo de amor incondicional que não se altera quando a outra pessoa muda, nem cede quando a outra pessoa se afasta. Por esse motivo, o poema é com freqüência lido em cerimônias de casamento, acompanhando os votos "na riqueza e na pobreza; na doença e na saúde".

No entanto, é difícil afirmar qual pode ser o *objeto* de um amor assim. Será que tenho amor pela pessoa amada unicamente por causa dela? Meto-me em dificuldades de um jeito ou de outro. Se digo que suas características são o motivo de amá-la, pareço estar relegando a segundo plano sua singularidade. Ela pode reclamar: "Você só me ama por causa de meus cabelos sedosos". Por outro lado, se digo: "Você não é amada por suas características, mas simplesmente por ser a pessoa que é", isso separa seu "eu" de todas as suas características, inclusive daquelas que para mim são mais familiares e valiosas e que parecem mais intimamente vinculadas a quem ela é. Se realmente há esse tipo de amor incondicional, ele tem de se relacionar a algo ao mesmo tempo essencial e pelo menos perceptível; e a essência individual parece ser a candidata perfeita. Se a pessoa a quem verdadeiramente amo perder seus cabelos sedosos por causa de uma quimioterapia, e se até mesmo perder suas características e personalidade familiares, ainda assim poderei amá-la com esse tipo de amor. A depender das mudanças, podemos nem conseguir ficar na mesma casa. Parece errado expressar o ideal como "imutável". Posso precisar desenvolver uma relação diferente, mas ainda posso amá-la.

Deparo-me com essa questão quando, sendo presbítero, visito um membro mais idoso de minha congregação em uma casa de repouso, e ele não reage à minha presença, ou aparentemente à presença de ninguém. A quem estou tentando amar? Ele ainda está presente, lá na cama? Fico menos propenso a considerar que ele partiu, caso eu admita que não conheço o que o torna o indivíduo que é, exceto por fragmentos. Que somente Deus conhece sua essência.

Como posso amar se não compreendo o que estou amando? Nesse ponto, é válido pensarmos em como amamos a Deus, apesar de não conhecermos ou compreendermos completamente a essência divina. Sabemos algumas coisas a respeito dessa essência. Sabemos que Deus é necessariamente onisciente, onipotente e amoroso. Mas não compreendemos o que associa essas características em uma única natureza divina em três pessoas. Sempre podemos amar o que não compreendemos. E o mesmo vale para as outras pessoas; podemos amá-las sem conhecer sua essência individual. Filósofos que advogam esse pensamento são inclinados a dar maior importância à vontade (que é a sede do amor) do que ao intelecto (que é a sede da compreensão). Uma forma de expressar a diferença é perguntar se nosso estado final será amarmos a Deus ou vermos a Deus. Sem dúvida alguma, ambas as coisas. Mas aquilo que enfatizamos faz a diferença. Acredito que ver é uma introdução para o amar. Quando amamos uma pessoa, segundo essa visão, buscamos o seu bem. Mas esse bem somente pode ser perfeitamente conhecido por alguém que conheça a essência da pessoa. Deus a conhece completamente, e nós não podemos conhecê-la da mesma forma. No entanto, podemos conhecer o suficiente para amá-la.

Queremos que nossa vida seja importante. Será que nossa própria razão pode nos dar essa importância, ou fundamentar a convicção de que a possuímos? A terceira seção deste capítulo sugeriu que a importância provém de vivermos conforme um padrão, no qual os objetivos que buscamos condizem, em grande medida, entre si e com nossos valores, o que faz que tenham sentido. Isso é particularmente válido se os valores forem partilhados na comunidade a que pertencemos e nos relacionamentos que nos interessam. Assim, o amor de Rosa pela música faz que tenha sentido manter seu relacionamento com o violoncelista sentimental. Saber que existe um padrão assim exige uma visão do todo, a qual não é limitada por nossa informação ou imparcialidade, da forma como nossa própria visão é restrita. Nossa razão induz ao desejo por esse tipo de importância, mas não pode motivar a crença de que nossa vida é, de fato, importante nesse sentido. Nas palavras de Immanuel Kant: "Nossa razão tem o raro destino de ter recebido de sua natureza o encargo de solucionar questões que, em razão dessa própria natureza, é incapaz de responder". Portanto, precisamos ter fé. Fé em que podemos afirmar que nossa vida é importante, ainda que não possamos, nesse momento, visualizar como os vários propósitos que todos nós perseguimos funcionam em conjunto. Crer em Deus fundamenta uma fé assim, ao identificar a origem dessa coerência na vontade dele.

Esta última seção do presente capítulo traz-nos um novo ponto. Dispomos apenas de um conhecimento incompleto das essências individuais, que nos torna a todos nós aquilo que somos. O capítulo anterior afirmou que nossa natureza criada, como seres humanos que somos, conduz-nos a uma vida adequada; acredito que o mesmo vale para nossa natureza individual. Deus, ao nos dar um nome só nosso, fornece-nos instruções exclusivamente nossas. Se acreditarmos que a razão interessa-se obrigatória e exclusivamente pelo que é universal, ou potencialmente comum a coisas diferentes, então a razão não terá acesso nem à essência individual nem à orientação exclusiva. Mesmo se permitirmos que a razão tenha um acesso bastante parcial e incompleto ao que é exclusivo de cada indivíduo, ainda precisaremos de fé. Precisamos ter fé em que aquilo que perseguimos condiz com o bem-estar individual de cada uma das pessoas afetadas por nossas ações, inclusive nós mesmos. Essa fé é beneficiada quando se localiza o apelo da moralidade na vontade de uma pessoa que conhece e ama o que cada um de nós é em essência.

9

COMUNIDADE

NO CAPÍTULO 8, AFIRMOU-SE que a razão humana não supre a fonte de autoridade da moralidade. Nossa razão, no entanto, nos dá a aspiração para um tipo de significado em nossa vida que a crença em Deus nos ajuda a alcançar. O presente capítulo traz o mesmo tipo de argumento sobre outra possível fonte de autoridade da moralidade: a comunidade. É possível pensar na comunidade como uma boa candidata, pois as exigências da moralidade freqüentemente chegam até nós por meio das comunidades a que pertencemos. Quando nos adaptamos aos padrões de uma comunidade, adquirimos sensação de integração com as pessoas que para nós são importantes. Um benefício que buscamos na moralidade é que ela deve nos unir num tipo de vida onde há apoio mútuo.

A comunidade também parece ser uma candidata plausível porque associa as necessidades que já conhecemos de transcendência, realização e importância. A comunidade exerce o papel positivo de satisfazer todas essas três necessidades, mas existe o risco de esse papel ser superestimado. As seções restantes deste capítulo defendem que a comunidade, por si só, não consegue estabelecer o fundamento da moralidade. No entanto, precisamos buscar essa moralidade em uma fonte além da comunidade. Também examinaremos os vários tipos de dificuldades com as quais nos envolvemos quando tentamos fazer com que a moralidade exerça essa função por si mesma.

Transcendência foi o tópico do capítulo 6, tendo ao lado a idéia de um "centro magnético" fora de nós mesmos, ao qual correspondemos em nossas avaliações. A comunidade também transcende a vida do membro individualmente. Podemos ver isso com clareza em tempos de guerra, ou em situação de emergência em uma cidade, quando as pessoas conseguem sujeitar de forma considerável os propósitos individuais em favor do todo. Em alguns exageros dessa visão, o indivíduo é visto como simples parte orgânica da comunidade, tal qual um órgão do corpo faz parte do organismo como um todo. Essa visão orgânica, considerada de forma isolada, falha no reconhecimento da integridade de cada indivíduo. Apesar de tudo, é verdade que a comunidade impede de nos deter dentro de nós mesmos. Quando nos damos conta de que atendemos às necessidades das pessoas à nossa volta, e quando vemos que elas atendem às nossas necessidades, passamos a enxergar que pertencemos juntos a algo maior que qualquer um de nós. Lealdade é a reação a esse valor externo, quando o sentimos sobrepujando nossos interesses individuais.

O capítulo 7 enfocou a realização, associada à idéia de que a moralidade é derivada da natureza humana. A pessoa que é parte da comunidade satisfaz sua natureza na qualidade de animal social. Mais uma vez, há uma forma exagerada de formular essa idéia. Aristóteles discursa como se sempre satisfizéssemos nossa natureza ao darmos prioridade à nossa comunidade, e não a nós mesmos. Mas, algumas vezes, esse tipo de auto-anulação nos destrói. Precisamos ser capazes de enxergar nosso próprio valor acima da comunidade a que pertencemos, para que possamos resistir às exigências dessa comunidade quando se tornam opressivas. Não obstante, é verdade que a comunidade nos possibilita usar plenamente essa parte de nossa natureza. Até mesmo o eremita está associado, por meio da oração, àqueles que estão fora de sua caverna. Todas as virtudes morais são definidas por seu aspecto interpessoal, e a maioria delas precisa ser exercida na comunidade. Boa parte do que faz a vida valer a pena chega-nos por meio dos vínculos que temos com outras pessoas.

Por fim, a importância foi o tópico do capítulo 8. Neste, examinamos o valor atribuído a nossos propósitos individuais por sua integração em um todo mais amplo. A comunidade possibilita uma narrativa mais ampla, na qual podemos situar nossa vida, como, por exemplo, a história do pecado e da redenção no cristianismo, ou a história do triunfo da classe trabalhadora no marxismo. Essas narrativas trazem-nos um contexto pelo qual achamos sentido em nossos próprios sucessos e fracassos à medida que eles se sucedem. Em versões exageradas desse argumento, histórias vindas de contexto social mais amplo são consideradas suficientes para dar sentido à nossa vida, como se tudo que necessitássemos fosse pertencer a uma comunidade com uma boa história. Mas o sentido da vida (como a maioria dos tipos de propósitos) surge ao aplicarmos o universal ao individual, e precisamos moldar nossa história individual com nossas escolhas e decisões. Entretanto, é verdade que a comunidade nos dá o material a ser moldado e empregado dessa maneira; sem ela, não poderíamos pôr em prática o intuito de dar sentido à nossa vida.

Considerando todos esses enormes benefícios em pertencermos a uma comunidade, podemos ver como as pessoas que não crêem em Deus estão sujeitas a pensar que a comunidade é a base da moralidade. No entanto, fazer da comunidade a fonte de autoridade da moralidade significa chegar ao relativismo e ao exclusivismo. Uma seção deste capítulo enfoca cada um desses pontos. No entanto, se fizermos um exame a partir de algumas premissas teológicas, o verdadeiro valor moral da comunidade pode ser apreciado. A idéia primordial que encerrará este capítulo defende que a comunidade pode representar seu devido papel moral se a virmos como uma dádiva da providência. Essa convicção nos capacita a superar as tendências (e acredito que a maioria de nós sente ambas as coisas) de estarmos demasiadamente vinculados à nossa comunidade e demasiadamente afastados dela.

RELATIVISMO

O primeiro problema com a atribuição de um valor exagerado à comunidade é algo já mencionado no capítulo 5. Se dissermos que a comunidade é a fonte de autoridade da moralidade, teremos que citar a comunidade de que estamos falando. No início deste livro, expliquei os diferentes mundos de Homero, Virgílio, o autor de *Beowulf*, e Milton, que viveram em intervalos de 800 anos entre si. A mesma idéia pode ser apresentada em relação à distribuição geográfica e aos diferentes tipos de vida que as pessoas levam em Grand Rapids (Michigan, Estados Unidos) e em Njola (vilarejo no sul da Zâmbia, África Central). Em Njola, cada família come aquilo que planta. Em Grand Rapids, quando como um quiuí, este fora regado com água desviada por quase 350 quilômetros na Califórnia; fertilizado por uma enorme adubadora mecânica; colhido por um trabalhador imigrante; enviado até um armazém para ser embalado em papel ou plástico e enfiado numa caixa. Então, foi transportado de caminhão por mais de três mil quilômetros, arrumado na prateleira de um supermercado, posto em uma sacola de papel ou plástico e, depois, levado para minha casa.

Uma versão do relativismo é expressa na seguinte máxima: "Quando em Roma, aja como os romanos". A primeira coisa a ser enfatizada é que esse tipo de relativismo é normativo, e não apenas descritivo. O capítulo 1 estabeleceu essa distinção, ao expor as diferentes formas de compreender a questão "O que é moralidade?". Uma forma normativa de compreender a questão seria perguntarmos: "Por que *normas* deveríamos viver?" ou "Que normas são moralmente admissíveis?". A forma descritiva seria: "Por que normas eles vivem?". Há um tipo descritivo de relativismo que tão-somente afirma que culturas diferentes efetivamente vivem de acordo com normas diferentes. Acho que essa afirmação meramente descritiva é verdadeira. Essa é a questão entre Homero e Milton, Grand Rapids e Njola. Mas se digo "Quando em Roma, aja como os romanos", estou dizendo a alguém o que fazer. Não estou *des*crevendo, estou *pres*crevendo. Assim, a epopéia de Homero, por exemplo, registra que os gregos, após derrotarem os troianos, queimaram a cidade até os alicerces, mataram todos os homens com idade para a guerra e venderam as mulheres e crianças como escravos. Se o relativismo for compreendido de forma normativa, isso significará que a ação dos gregos foi lícita no aspecto ético, pois essa visão advoga que os valores de uma sociedade justificam suas práticas ou as tornam corretas.

O mesmo seria válido em nossa própria sociedade. Se o relativismo for compreendido de forma normativa, isso significará que o valor atribuído por nossa sociedade à comodidade e à acessibilidade justifica o uso de todos aqueles recursos para conseguir meu quiuí. Mas não existem motivos para acreditarmos que a preponderância de uma idéia em uma sociedade confere a ela justiça moral. As normas preponderantes em uma sociedade realmente terão poder. Mas poder não é a mesma coisa que autoridade moral. Do mesmo modo, um regime político pode ter poder e mantê-lo com opressão e tirania; no entanto, isso não significa que tenha direito, no aspecto moral, à obediência do povo que tem oprimido.

Existem algumas razões artificiais pelas quais o relativismo pode parecer atrativo. A seguir, falaremos de três delas. A primeira é a que parece levar à tolerância. Descobri esse conceito entre alguns alunos meus. Odeiam o tipo de imperialismo que faz com que as pessoas imponham suas idéias às outras, do modo como os europeus impuseram suas idéias às nações que conquistaram e "civilizaram" nos séculos XVIII e XIX. Meus alunos respondem dizendo que devemos deixar cada povo com seus costumes. Crêem que esse tipo de tolerância vem do relativismo normativo. Mas o relativismo normativo não leva à tolerância. Empenha-se em lidar com a tolerância assim como qualquer outra norma; se a norma é ou não correta, depende da sociedade a que você pertence. Os gregos da Antigüidade não eram de modo algum tolerantes, da forma como entendemos tolerância hoje. Eles criaram o termo *bárbaro*, que literalmente significa pessoas que ao falar soam como "blá-blá-blá"; em outras palavras, pessoas que não falam grego. Ao conquistá-los, os gregos tornavam essas pessoas escravas. O relativismo normativo afirma enfaticamente que não há nada de errado nessa ação dos gregos.

A segunda falsa razão para a atração exercida pelo relativismo normativo é uma confusão entre a questão de alguma prática ser ou não errada e a questão de devermos ou não intervir pela força para impedi-la. Algumas vezes, provavelmente deveríamos impedir. Deveríamos, por exemplo, intervir para impedir um genocídio. O imperialismo, todavia, interveio em nome de valores "civilizados" quando não havia justificativa moral para fazê-lo, e tudo que ele procurava eram seus próprios interesses comerciais. Mas o fato de essa intervenção ser errada não prova que todas as práticas habituais das nações conquistadas (como o assassinato de bebês do sexo feminino e a cremação de viúvas vivas) fossem moralmente admissíveis.

Em terceiro lugar, algumas pessoas imaginam que a grande variedade de normas sociais demonstra por si só que todas essas normas são moralmente admissíveis. Mas por que seria assim? Compare a diversidade de conceitos científicos sustentados em diferentes épocas da história. Aristóteles acreditava, por exemplo, que o Sol girava em torno da Terra, e ele era típico de sua época. Mas não deduzimos do aspecto de que existiram muitas crenças científicas diferentes, ao longo da história da ciência, que todas essas crenças eram verdadeiras. Nem se deduz da diversidade de normas sociais ao longo da história que todas essas normas eram moralmente admissíveis. Quem sabe alguém possa demonstrar quanto a ciência é diferente da ética, de modo que, na ciência, a verdade é objetiva, e na ética, não. Por exemplo, alguém poderia defender que a ciência demonstra um tipo de convergência para um consenso, enquanto a ética, não. Mas realmente houve uma extraordinária difusão dos conceitos éticos ocidentais, muito semelhante à difusão da ciência ocidental. Em nenhum dos casos, a convergência por si só comprova a verdade, pois podia dever-se tanto à força como à autoridade intrínseca. A questão é que ambas, a diversidade e a convergência, tanto na ciência como na ética, são coerentes com algumas crenças objetivamente verdadeiras e outras falsas. A diversidade de normas sociais não prova que o relativismo *normativo* é verdadeiro.

Quando fazemos um julgamento moral, estamos na típica posição de endossar ou não uma atração ou repulsa em relação a algo. O capítulo 6 propôs o exemplo apresentado por Platão, do intérprete dos poemas de Homero, que ri por dentro, mesmo quando transmite à sua platéia a tristeza do poeta. Muitas vezes, a atração nos atinge travestida em linguagem e conceitos que herdamos de nossa cultura. O julgamento moral pode ter a função crucial de distanciar-nos da cultura na qual crescemos. Minha ama-seca disse-me que cavalheiros lustram a parte de trás dos sapatos, e meu criado disse-me que cavalheiros mantêm seus quartos arrumados. Como cavalheiros penteiam os cabelos, apanhei de um inspetor na escola por descer para o café da manhã com os cabelos despenteados.

Hoje em dia, a parte de trás de meus sapatos não é lustrada, meu quarto é uma bagunça, e a maior parte do tempo meu cabelo está despenteado. Na minha opinião, tudo isso não deveria ter o tipo de valor simbólico que possuía no país onde fui criado. Não estou sendo apenas rebelde (embora também espero sê-lo); em vez disso, utilizei o processo seletivo descrito no capítulo 1. Atualmente acredito que um sistema que divide a sociedade entre cavalheiros (e damas) e o resto das pessoas que a compõem, dando privilégios aos cavalheiros (e damas), não trata os seres humanos como se fossem todos igualmente valiosos e únicos. Essa conclusão carece de uma complexa justificativa, que não tentarei apresentar aqui. A questão é que, em virtude dessa função crucial do julgamento moral, a comunidade na qual uma pessoa nasce não é a fonte de autoridade da moralidade.

Uma contestação natural seria a seguinte: "O próprio ideal de igualdade humana a que você acaba de recorrer é em si um conceito cultural e parte da mesmíssima mescla cultural a que você se opõe. Como você disse no capítulo 1, nem todas as culturas têm esse ideal. Homero não o tinha. Logo, você não está realmente se apartando de sua cultura ao condená-la por esnobismo entre classes. A verdade é que você está usando uma parte de sua cultura contra a outra".

Sou obrigado a concordar, em parte, com isso. O procedimento de seleção moral descrito no capítulo 1 não é invenção minha. Chegou a mim de diferentes origens culturais, como meus pais, professores, livros que li e igrejas que freqüentei. Até mesmo idéias originais nos surgem assim, por intermédio da cultura, e são, em boa parte, recombinações dos elementos que já estavam presentes. É possível que Deus dê a certas pessoas uma idéia, ou "palavra", por revelação; e, então, lhes dê a conseqüente compreensão dessa palavra, independentemente de sua compreensão anterior da linguagem e da cultura onde se inserem. Não sei se isso ocorre ou não. Mas não foi o que aconteceu comigo em relação à idéia de que todos os homens são igualmente dignos; isso me ocorreu por influências culturais a que tenho sido exposto.

Todavia, não se conclui a partir disso que tal idéia não passa de concepção cultural. O capítulo 6 argumentou contra a visão de que avaliação é sempre projeção, ou seja, de que criamos os valores que margeiam nossa vida e os projetamos sobre o mundo do mesmo modo que Despina projeta no mundo seu desprezo pelos pobres, os quais considera insignificantes. A visão de que criamos todas as nossas idéias é um equívoco parecido. Encontramos algumas porque se ajustam ao que experimentamos, apesar de não sermos capazes de compreender claramente como modificamos esse estímulo com nossa interpretação. Por exemplo, algumas crenças científicas são verdadeiras e algumas são falsas, apesar de ambas poderem ser expressas na mesma linguagem e pertencerem à mesma tradição cultural. Acredito que os cientistas imaginam suas teorias verdadeiras não sendo apenas invenções, e que essas teorias correspondem de alguma forma às coisas de que se ocupam neste mundo.

Como podemos dizer que normas são corretas e as que não são? O capítulo 1 sugeriu um procedimento de seleção moral. Mas como podemos afirmar que procedimento seletivo é correto? Uma coisa que podemos fazer é procurar por conformidade nos dois tipos de centro descritos no capítulo 6: interno e externo. A conformidade interna ocorre no íntimo da vontade da pessoa. Uma indicação da ocorrência desse tipo de conformidade é o procedimento seletivo ter escolhido, com sucesso, os desejos e propósitos que a pessoa continuamente tem sido capaz de identificar como seus. Isso muitas vezes torna-se claro em momentos de tensão. Por exemplo, Rosa precisou insistir para que seu grupo de amigos não excluísse Beth; precisou dizer a seu amigo violoncelista que ele estava insultando Bach; e precisou desculpar-se com Lucy pelo episódio dos sapatos. Nesses momentos, sentiu-se pressionada pelas diferentes coisas que desejava e teve de superar isso. Se, ao olhar para trás, ela puder ver que o procedimento seletivo permitiu que se agarrasse às coisas que realmente importavam, esse será um sinal de que funcionou bem. Tal tipo de conforto não compreende uma prova absoluta, pois é sempre possível que ela tenha tão-somente se corrompido, como as molas de uma poltrona velha, e tenha ficado satisfeita com um desejo moral inferior ao que deveria satisfazê-la. Mas, ainda assim, é uma evidência positiva.

A conformidade externa é uma conexão com o centro magnético externo ao indivíduo. O procedimento seletivo visa a reter os sinais que lhe chegam desse centro, bem como a excluir os que não procedem dele. Esse indivíduo pode vir a questionar o processo, se perceber que já deixou passar valores que agora rejeita. Ficará mais tranqüilo se puder achar pessoas que utilizem o mesmo procedimento seletivo em culturas diferentes. Ele, por exemplo, considera imperfeita sua consciência de classe original e consegue enxergar uma cultura americana mais igualitária, que (apesar de ser inferior em outros aspectos) é menos esnobe ao aplicar o processo seletivo que ele inicialmente aprendeu em sua própria cultura. Isso significa que o processo seletivo não está inevitavelmente corrompido por sua associação com uma estrutura de classes. Isso mais uma vez não é uma prova, pois tanto o erro como a verdade podem ser partilhados por uma cultura. Precisamos manter uma humilde aceitação da possibilidade de termos procedimentos equivocados. Mas, ainda assim, esse tipo de intercâmbio é uma evidência positiva.

O tipo de seleção moral que viemos discutindo está historicamente impregnado do contexto cristão. Nos últimos dois séculos, tem havido uma tentativa de afastá-lo desse contexto. Isso significa que na situação atual uma opção nos é apresentada, a de retermos ou descartarmos esse contexto. Quando uma pessoa se depara com pontos de vista conflitantes, há uma pergunta que pode ser feita: Cada um deles contém os recursos para compreender e apresentar uma explicação das falhas e defeitos do outro? Algumas vezes, não é esse o caso. Por exemplo (para simplificar uma complexa transição mencionada no capítulo 4), podemos observar historicamente como a concepção de mundo de Homero não resistiu, nas cidades-estado da Grécia antiga, a uma forma de governo mais democrática; e como isso, por sua vez, produziu o tipo de amor pela pátria que vemos no personagem de Enéias, do épico de Virgílio. Cerca de um século após os poemas de Homero terem sido escritos, encontramos Theognis, poeta conservador, lamentando o modo como a estrutura de classes fora subvertida. Ele resistia à transição para a nova ordem, dando-nos, então, um retrato interno das forças dispostas uma contra a outra.

> Os muros permanecem imutáveis, mas, oh, como
> mudou o povo!
> A ralé, que outrora não conhecia lei ou direitos,
> Mas subsistia como os cervos, usando peles de cabras
> como manto,
> É agora enobrecida; e, oh, que apuro lamentável!
> Os nobres viraram ralé, aos olhos de todos os homens.

Mas a realidade de uma nova ordem social havia permitido que o povo excluído da nobreza tivesse um novo entendimento do próprio valor, e a visão tradicional não conseguia explicar isso. A nova representação podia compreender suficientemente bem o tipo de opressão a que eles estiveram sujeitos.

Nem todas as transições culturais são consumadas pela razão. Algumas vezes, são viabilizadas pela força, em lugar da persuasão. Mas a escolha entre concepções de mundo pode ter alguma fundamentação não relativista, se verificarmos que uma delas é melhor na compreensão da outra. Nem sempre há vantagem na mais recente. Este livro sustenta que a seleção moral com que estamos acostumados faz mais sentido no cenário de seu contexto cristão original. Aprendemos muito sobre a moralidade ao longo dos últimos dois séculos; por exemplo, sobre como escravos e mulheres foram oprimidos pelos sistemas tradicionais, anteriormente considerados moralmente justificáveis. No entanto, se removemos a seleção moral de seu contexto teológico, já não somos capazes de explicar como a boa vida moral pode ser alcançada e ter autoridade sobre nós. A visão de mundo que mantém o contexto apresenta mais recursos explicativos e deve, por isso, ser preferida.

A presente seção tentou demonstrar que a comunidade, embora tenha muitos benefícios, leva ao relativismo, se for considerada a fonte de autoridade da moralidade. Após distinguir relativismo descritivo de relativismo normativo, argumentou contra o segundo. O principal motivo para que o relativismo normativo seja rejeitado é que, vez por outra, precisamos assumir uma posição moralmente crítica perante nossa cultura. Por fim, esta seção abordou a fundamentação que podemos ter a fim de preferir esse ou aquele procedimento seletivo.

EXCLUSIVIDADE

O segundo perigo em superestimarmos nossa comunidade é que isso leva a excluirmos aqueles que não pertencem a ela. Isso poderá ocorrer se não enxergarmos a necessidade de endossar os padrões da comunidade de uma posição que a transcenda. Alguns filósofos consideram esse tipo de confirmação impossível. Afirmam que a comunidade nos concede nossa identidade, e por isso descobrimos ou encontramos nossa identidade, em vez de forjá-la ou escolhê-la; não existe posição alguma que possamos adotar fora da comunidade. Era assim que Sócrates considerava sua cidadania em Atenas; isto é, considerava que a cidadania o tornava a pessoa que era. Quando foi injustamente condenado à morte, não pensou em escapar e viver em outra cidade como uma opção real. Para que fosse quem era, precisava ficar em Atenas. Michael Sandel diz o seguinte sobre os cidadãos de uma comunidade: "A comunidade define não apenas o que seus cidadãos possuem, mas o que eles são; não um relacionamento que escolhem (como em uma associação voluntária), mas um vínculo que descobrem; não apenas um atributo, mas a essência de sua identidade". Creio ser um fato podermos "descobrir" uma identidade como cidadãos de algum país ou, de forma mais ampla, como membros de alguma comunidade. Mas a afirmação de Sandel recorre a escolhas inevitáveis entre tão-somente duas opções, o que não é fiel à nossa experiência. Obviamente, podemos descobrir uma identidade, mas também precisamos escolhê-la.

Amartya Sen dá o exemplo de Mohandas Gandhi[1], "que precisou deliberadamente decidir dar prioridade à sua identificação com os compatriotas indianos, na luta para tornarem-se independentes do jugo inglês, em detrimento de seu vínculo com os colegas advogados, na busca pela justiça legal inglesa". Sua identidade tanto teve de ser escolhida como descoberta. Talvez seja verdade que um propósito não seja algo que possamos formular ou inventar por conta própria, porque o propósito de algo é essencialmente comunitário, e não pessoal. Como somos, nas palavras de Aristóteles, animais sociais, é necessário que as categorias que utilizamos para tornar nossa vida compreensível (como ser "inglês" ou "professor de filosofia" ou "imitador do Elvis") tenham referência social mais ampla que nós mesmos.

[1]Cognominado o Mahatma (a Grande Alma), apóstolo nacional e religioso da Índia (1869–1948). Expôs sua doutrina (baseada no hinduísmo, no cristianismo e em pensadores como Tolstoi) em *A autonomia da Índia*, que contém um verdadeiro manifesto contra o materialismo da civilização ocidental e contra a violência. (N. do E.)

Mas, se uma pessoa decide que deve agir conforme essa ou aquela identidade (que deveria lutar por seu país, lecionar ou usar sapatos de camurça azul)[2], precisa endossar sua identidade ou apropriar-se dela. Nesse sentido, embora ela não forje sua identidade, torna-a *sua*.

Nas pistas de corrida da Grécia antiga, utilizadas para os Jogos Olímpicos e descritas por Homero, os competidores partiam de uma linha, à qual retornavam após darem a volta em um marco de retorno. Os juízes sentavam-se perto da linha para determinar o vencedor, mas os assentos mais almejados pelos espectadores ficavam do outro lado do ponto de retorno; em uma corrida de bigas, esse era o ponto onde havia maior risco de alguém ser morto, pois as bigas tentavam manobrar ali em volta do marco. Aplicada à vida moral, essa analogia significa que as pessoas acabam com a mesma identidade que sua cultura lhes confere. Mas, mesmo assim, precisam dar a volta no marco de retorno, a fim de amadurecer no aspecto moral. E isso significa tomarem posse da visão de vida virtuosa, em torno da qual essa identidade é estruturada. Toda identidade precisa de uma visão desse tipo, para manter a lealdade de uma pessoa ao longo da vida. Precisa ter uma forma de classificar que fatores virtuosos são mais ou menos importantes, a fim de que a pessoa, ao viver de acordo com esses fatores, possa fazer as escolhas certas entre o que buscar e o que evitar.

O que é o marco de retorno? Neste livro, recomendei insistentemente um procedimento seletivo, que permita uma apropriação ou endosso moralmente responsável da identidade e da

[2]Referência à canção "Blue Suede Shoes", de Carl PERKINS, imortalizada na voz de Elvis Presley. (N. do T.)

visão de uma vida moralmente boa que recebemos de nossas comunidades. Essa seleção impede a exclusividade, pois atribui a todos os seres humanos o mesmo valor, pertençam ou não a nossas comunidades. Em algumas, já existe esse ponto de referência moral, no que se refere à igualdade, incorporado à cultura que transmitem. Mas, em outras, como a de Homero, não. Nessas culturas, as pessoas poderão tomar posse da visão de uma vida virtuosa que recebem de sua cultura e continuarão exclusivistas. Mesmo em culturas como a nossa, que está habituada com a idéia de estender vínculos morais a todos os seres humanos, alguns filósofos rejeitam isso. Se rejeitarmos, ficaremos com a exclusividade.

Quando falo de exclusividade, refiro-me à visão de que temos vínculos éticos só e especificamente com as pessoas que fazem parte de nossa comunidade, que nos dá nossa identidade. Poderíamos pensar nisso em termos da trama de um tecido. O quadro exclusivista é o seguinte: "Nossa identidade é fazer parte dessa trama, e nossos vínculos éticos são dados pelos outros fios do tecido e pelos padrões que constituem um conjunto. O tecido é mantido coeso pela urdidura, que cuida para que os membros da comunidade rendam-se uns aos outros. O cuidar é uma relação valiosa de empatia e identificação que só podemos ter com um número relativamente baixo de pessoas. Não podemos cuidar de crianças famintas na Zâmbia quando vivemos em Grand Rapids, porque nem ao menos sabemos quem elas são". No entanto, essa visão é censurável por diversos motivos. Temos adiante três desses motivos.

O primeiro é que essa exclusividade corrompe as mesmas relações comunitárias que deveriam ser de seu domínio. Uma boa imagem disso é obtida ao examinarmos a menor de todas as comunidades: a família. As famílias podem ser anômalas, nas quais existem vários tipos de violência (emocional, física e sexual) e falta de cuidados. Contudo, as famílias também podem cuidar de maneira excessiva, ou pelo menos de forma desproporcional. Pessoas no contexto de relações especiais, como numa família, precisam considerar umas às outras não apenas como alvos de obséquios especiais, mas também como seres humanos que têm o mesmo valor de qualquer outro ser humano.

Rosa ama seus filhos, Ned e Lucy. Mas precisa atribuir a si o mesmo valor que atribui a eles. Isso tanto é importante para seu próprio bem como é importante para eles. Se as necessidades de seus filhos se tornarem por demais aflitivas, ela pode deixar de tratar a si mesma como uma pessoa com dignidade própria. Ela pode esquecer o que cabe a si mesma. Há um nível mínimo de amor-próprio; se esse ponto é ultrapassado, ela até mesmo deixa de ser capaz de dedicar-se a quem quer que seja. Ela não está, por assim dizer, pronta a dedicar-se, pois foi sugada, ou esgotada, pelas necessidades das pessoas com as quais se importa. Esse é o perigo para Rosa.

O perigo para Ned e Lucy é que o amor incondicional de sua mãe lhes trará uma impressão equivocada de si mesmos. Rosa recorda uma ocasião especialmente marcante com Ned. Ambos estavam em uma loja fazendo compras de Natal. Ned queria um conjunto específico de Lego,[3] e havia apenas um exemplar restante na prateleira. Outra família estava logo à frente deles. Ned disparou até a caixa de Lego, mas Rosa o deteve. Ele esperava que a mãe o apoiasse e fez uma cena. Rosa explicou que a outra família queria o brinquedo tanto quanto Ned e que chegara na frente deles. Uma importante parte dessa lição reside no fato de

[3]Popular jogo infantil de montar. (N. do T.)

ter sido dada por Rosa, visto que Ned sabia, por experiência, que era o xodó de sua mãe. Contudo, nesse contato, começou a aprender a integrar os relacionamentos que tinha com as pessoas de casa com os que tinha com pessoas fora de casa. Agora que estava com dezoito anos de idade, Ned já havia aprendido o que é respeitar outro ser humano, valorizando em uma pessoa tanto o que é comum como o que é exclusivo. Aprendeu que sua mãe também é um ser humano. Esse é um tipo de reconhecimento que relacionamentos especiais precisam ter para serem eticamente saudáveis. Expressando isso de forma mais ampla, a justiça e o cuidado são ambos necessários nas relações públicas e particulares.

Um segundo motivo para rejeitar a exclusividade e insistir em uma seleção moral imparcial reside no fato de que as identidades que descobrimos nas comunidades podem se tornar moralmente depravadas. No cenário internacional, encontramos evidências abundantes durante as últimas décadas. Uma identidade tribal significa lealdade a um "nós", em oposição a "eles". A exclusividade não vê critério algum de justiça restringindo o modo como "nós" tratamos "eles". Na Grécia antiga, Platão registra esse conceito em vários dos diálogos de Sócrates. "A justiça", diz Polemarco em *A república*, "resume-se em ser útil aos amigos e prejudicial aos inimigos". Principalmente, se duas tribos ocupam regiões imediatamente adjacentes, todas as frustrações que os membros de cada tribo sentem individualmente podem jorrar, tal qual esgoto, em forma de ódio, uma tribo pela outra. Os líderes usam de retórica para inflar esse ódio em busca de vantagem própria, e seus seguidores passam a ansiar pela derrota ou pela destruição da outra tribo como forma de eliminar suas frustrações e conseguir uma vida melhor. O resultado é a guerra e, na pior das hipóteses, o genocídio. Nacionalismo não é o mesmo que patriotismo. Se eu amo meu país, deveria submetê-lo ao mesmo e detalhado exame que submeto qualquer outro país, porque o amo. O nacionalismo diz: "Meu país, certo ou errado".

Por fim, o terceiro motivo para rejeitar a exclusividade é que, no caso de seu triunfo, os necessitados que sofrem no resto do mundo não serão alcançados. Há centenas de milhares de pessoas atualmente que, ao ficarem a par das vítimas de guerras, fome ou furacões, sentem que devem reagir. Sentem que devem reagir simplesmente porque se trata de seres humanos que estão sofrendo e precisam de ajuda. Se perdêssemos esse sentimento de obrigação para com aqueles que não pertencem à nossa comunidade, muitas dessas pessoas necessitadas não seriam auxiliadas. Não é o caso simplesmente de ser gentil; trata-se, sim, de obrigação e obediência. Esse sentimento de obrigação é uma extensão do conjunto de leis que encontramos no livro de Deuteronômio, as quais regulam o modo como a comunidade deveria cuidar de desconhecidos e forasteiros (v. Dt 15.4-11). Os israelitas têm uma aliança com Deus, o qual, de acordo com essa aliança, espera que abençoem os outros como eles próprios têm sido abençoados.

Diferentemente dos israelitas, nascemos em um mundo onde tomamos conhecimento, por meio da mídia, das necessidades dos estrangeiros em todas as partes do globo. O problema é que não temos como tratar a todos do mesmo modo que o bom samaritano da parábola de Jesus, ao ajudar o homem que estava ferido ao largo da estrada. Não podemos fazê-lo por não termos os recursos de tempo, dinheiro ou talento. O capítulo 2 discutiu esse problema, ao abordar o princípio da proximidade providencial. Precisamos reconhecer a diferença entre dois grupos de obrigações. Por vezes, temos alguma liberdade de manobra e algum arbítrio em relação a quem e quando ajudar, visto que não podemos ajudar todos o tempo todo. Mas, em outros momentos, não temos esse arbítrio. Tom não pode ajudar Ned com seu dever de casa, se precisa correr com Lucy para o hospital porque ela está com apendicite. A obrigação de ajudar vítimas de inanição desconhecidas pertence ao primeiro grupo. Felizmente, nossa comunidade pode estender-se (como descrito no capítulo 2) até outras partes do mundo. Quando isso acontece, podemos alcançar as necessidades de pessoas desconhecidas por intermédio dessa extensão. Um vilarejo específico na Zâmbia torna-se, por assim dizer, nosso vilarejo. Mas isso já não é exclusividade, pois vemos essa extensão como a forma concedida pela providência para cumprirmos nossas obrigações universais, como as que temos com tais povos necessitados. A providência supre necessidades desses povos por nosso intermédio.

COMUNIDADE E PROVIDÊNCIA

O capítulo 1 definiu moralidade como um conjunto de normas para a prática social, expressando ou defendendo valores que nos são caros, e que estão organizadas conforme uma diretriz principal. Mas pessoas diferentes se desenvolvem em direções diferentes quanto ao modo de adotar essas normas e essa diretriz. Em uma estrutura, o indivíduo parte de uma rede de relacionamentos que lhe dá identidade e segurança, e sua tarefa moral é desenvolver uma consciência de si próprio à parte dessa rede e como pessoa. Em outra estrutura, a pessoa parte da consciência de sua unicidade e individualidade, e sua tarefa é encontrar uma comunidade com a qual possa fundir sua identidade, deixando de ser auto-suficiente. Nesta seção, usarei pronomes femininos para a primeira estrutura; para a segunda, pronomes masculinos.

Isso porque me baseio no livro de Carol Gilligan, *In a different voice* [*Uma voz diferente*], em que desenvolve a idéia de que essas duas trajetórias são desenvolvimentos típica e respectivamente femininos e masculinos. O capítulo 3 mencionou Jairo e a mulher com hemorragia, e suas histórias exemplificam essas trajetórias, apesar de serem únicas. Jesus chamou a Jairo para desistir de sua independência, e chamou a mulher para sair do meio da multidão. Mas não quero vincular essa distinção de maneira rígida às diferenças de sexo, pois há a preciosa questão de verificarmos se estudos empíricos confirmam ou não a diferença entre sexos. Essas duas estruturas de desenvolvimento são igualmente difíceis de alcançar, pois envolvem uma tensão entre dois diferentes ideais de uma vida virtuosa.

Tom, o marido de Rosa, tem a tendência de não estabelecer raízes onde mora, mas de apenas armar sua tenda. Está sempre aberto ao pensamento de que poderia ser chamado para outro lugar. Para Rosa, ele tem comichão nos pés, pois não aprendeu a "florescer onde está plantado". A alusão a viver em tendas combina com a história de Abraão, que deixou seu povo para seguir o chamado de Deus. Ele "... peregrinou na terra prometida como se estivesse em terra estranha; viveu em tendas [...]. Pois ele esperava a cidade que tem alicerces, cujo arquiteto e edificador é Deus" (Hb 11.9,10). Sua lealdade pertencia à cidade celestial, que é eterna, e não apenas a uma comunidade terrena. Por temperamento, Tom é um estrangeiro residente.

Essa visão é em parte atraente e em parte antipática. A parte atraente é que Tom realmente não se compromete com coisa alguma que seja semelhante a uma cidade terrena, que não é incondicionalmente valiosa, e os compromissos que firma são autenticamente seus. Compare isso com uma pessoa que seja parasitária. Oscar Wilde[4] disse: "A maioria das pessoas são outras pessoas. Seus pensamentos são as opiniões de outros; suas vidas, uma imitação; suas paixões, uma citação". Quando nos vemos de forma clara, é desconcertante verificar quanto do que pensamos e sentimos não passa de um artigo de segunda mão. As expressões que se formam em nossa mente são normalmente frases feitas, flagramos a nós mesmos repetindo cenas que vimos na televisão ou nos filmes, e nossos pensamentos expressam o que fomos ensinados a pensar. Senti isso quando lecionei na Índia e tentei aprender uma técnica de meditação, que envolvia estar consciente de cada pensamento à medida que este entrasse ou saísse de minha mente. Não fui muito bem-sucedido, em parte por jamais me sentir fisicamente confortável sentado de pernas cruzadas, na posição que deveria supostamente adotar durante os exercícios mentais. Na maior parte do tempo, pensava na dor que sentia. Mas cheguei a ver quão completamente derivativos são meus pensamentos. Há algo de magnífico, quase nobre, na pessoa que recusa a se vincular a qualquer coisa unicamente derivada de sua comunidade. Insiste em examinar cada um de seus compromissos, para assim torná-los originalmente seus; e isso, caso passem no exame.

Apesar de haver algo atraente numa pessoa assim, também há algo antipático. Queremos conviver com pessoas leais à comunidade a que também pertencemos, e não com pessoas que estejam simplesmente de passagem. A comunidade não pode florescer, a menos que seus membros tenham raízes profundas,

[4]Escritor irlandês (1854–1900). Adepto fervoroso da "arte pela arte", tornou-se rapidamente líder dessa corrente. Autor de várias peças, entre elas *Salomé*, encenada por Sarah Bernhardt, também escreveu um único romance, *O retrato de Dorian Gray.* (N. do E.)

pois seu desenvolvimento requer sacrifícios, e sacrifícios exigem compromissos a longo prazo. O ideal de Tom, de ter a vida examinada, ao contrário, exige distanciamento. O único modo de examinar as raízes de nossas idéias e filiações em toda a sua extensão é arrancá-las para exame. Isso não pode ser feito com nossos compromissos, a menos que nos separemos deles. Mas, se essas são as raízes que nos sustentam, precisamos confiar que façam grande parte de seu trabalho sem verificação.

Rosa, por sua vez, gosta de fixar raízes. Gosta de pertencer de todo o coração às várias comunidades formadas por suas amigas, sua igreja, seu quarteto e sua escola, e sabe que esse tipo de entrosamento leva tempo para se desenvolver. Leva tempo porque a confiança demora para crescer e desenvolver-se. Resolve que precisa de um lugar onde os outros em quem confia valorizem sua pessoa e suas atividades. Seu senso de valor vem de seu relacionamento com eles. Ela precisa realmente esforçar-se para obter uma distância crítica dos valores das pessoas ao seu redor. Na verdade, é seu relacionamento com eles que realmente importa, e não algo abstrato como "valor". Rosa fica completamente à vontade na vida do corpo a que pertence, e ela encontra Deus nessa vida. A figura de um corpo encaixa-se no que Paulo diz sobre nossa interdependência em Cristo. "... nós, que somos muitos, formamos um corpo, e cada membro está ligado a todos os outros" (Rm 12.5).

Podemos apresentar a perspectiva de Rosa em termos de especialização moral. Todos somos chamados, nos termos de Gerard Manley Hopkins, a "nos expressar", a nos tornar aquilo que é exclusivamente destinado a nós. Mas esse melhor tipo de vida para cada um de nós apenas é o melhor porque outras pessoas possuem diferentes tipos de vida, que são o melhor para cada uma delas. É a isso que me refiro ao mencionar a especialização moral. Compomos *em conjunto* a melhor vida para todos nós. Se pensarmos na comunidade como um corpo, somos todos diferentes partes dele, e a vida do corpo exige que todas essas partes funcionem de forma eficaz. A idéia aqui é que as pessoas são de maior valia para os outros quando são mais plenamente autênticas. (Isso é verdadeiro mesmo que haja formas boas e ruins de uma pessoa utilizar-se daquilo que é, como se discutiu, no capítulo 6, sobre a capacidade de Tom se concentrar em sua leitura.) Essa especialização só funciona se cada um de nós souber em que os outros são bons e como podemos contar com seu bom desempenho. Esse tipo de confiança leva um longo tempo para brotar.

Há algo cativante nesse tipo de entrosamento, mas também algo de antipático. Se enfatizarmos, de forma exagerada, a metáfora orgânica de sermos parte de um corpo, não daremos o tipo certo de liberdade a cada uma de suas partes. O mundo antigo diferenciava-se do nosso com relação ao nível de identificação entre o povo e seu país. Em contrapartida, há algo valioso na responsabilidade de cada pessoa em responder no próprio coração ao chamado de Deus, e não apenas por meio de sua situação como membro do corpo. Isso não é verdadeiro apenas em nosso relacionamento com Deus, mas também em nosso relacionamento com os outros. Nosso senso de valor não deveria depender tanto de nossa posição na comunidade. Não deveríamos estar tão firmemente envoltos no casulo.

De alguma maneira, precisamos manter unidos esses diferentes ideais da vida humana virtuosa e, então, integrá-los em uma vida unificada. Provavelmente, o modo específico pelo qual são integrados será uma questão de especialização moral, sendo distinto para pessoas diferentes. Mas uma crença que os vinculará proveitosamente é a de que a comunidade à qual pertencemos tem, em si, um caráter providencial. Crer nisso é arriscado, pois nem sempre nos ajustamos aos lugares onde estamos, e algumas vezes parece certo nos mudarmos. Escrevo neste momento como imigrante. Mas uma representação da providência que ajuda a resolver essa dificuldade é a da sala de aula de Rosa, delineada no capítulo 8.

Rosa divide a sala em grupos de estudo. Conhece a personalidade e as habilidades de todos seus alunos e separa-os em grupos conforme esse critério. Alguns absorvem a matéria de forma mais rápida, outros possuem habilidades sociais mais desenvolvidas, e há os que são pura e simplesmente difíceis (apesar de ela insistir que os ama da mesma forma). Rosa tem um plano de estudo flexível, de modo que possa atribuir cada tarefa ao grupo mais adequado, e dentro de cada grupo as tarefas também são divididas de forma diferente. Mas os grupos não são fixos. Como Rosa também tem relação direta com cada aluno, e não apenas relação por intermédio do grupo, pode ver quando as coisas não vão bem e, então, remanejar um aluno para outro grupo. Algumas vezes, um aluno toma a iniciativa da mudança; outras vezes, Rosa o faz por conta própria. Em ambos os casos, se ela agir corretamente, o resultado será um aprendizado melhor para todos.

Se enxergarmos uma dádiva no aspecto de a providência nos orientar para uma comunidade, do mesmo modo que os grupos de estudo são uma dádiva de Rosa para seus alunos, poderemos, pelo menos teoricamente, superar as dificuldades tanto com a visão de Tom quanto com a visão de Rosa. O problema com a visão de Tom é que ele parece distante demais. Mas, se ele crer que Deus o pôs numa comunidade, seu próprio ideal de fé exigirá que se vincule a uma comunidade. É como se a cidade celestial lhe exigisse encontrar uma cidade na terra onde ele cresça e se desenvolva, de modo que ele não tenha como ser fiel à primeira sem ser fiel à segunda. Seria o que Gilligan chama de padrão masculino para atingir a maturidade moral: ele se desenvolve em direção da comunidade.

O problema em relação à visão de Rosa é que ela parece apegada demais às suas diferentes comunidades. Mas, se realmente é na comunidade que ela vai encontrar Deus, então, a própria lealdade ao grupo lhe exige lealdade ainda maior ao Deus que a pôs lá. Ela não pode ser leal ao primeiro sem ser leal ao segundo. Isso seria o que Gilligan chama de padrão feminino de desenvolvimento: ela se desenvolve em direção da integridade individual. Em ambos os casos, a associação entre comunidade e providência é que permite à pessoa desenvolver maturidade moral, que combina entrosamento com uma correta consciência de si mesmo. Precisamos estar vinculados a algo além da comunidade, se queremos estar ligados à comunidade da forma correta.

Este capítulo sustentou que a comunidade não é a fonte de autoridade da moralidade. Considerá-la uma fonte dessa natureza é torná-la o que, no cristianismo, se denomina ídolo. O presente capítulo investigou os perigos do relativismo e do exclusivismo que provêm desse tipo de idolatria. Por fim, afirmou que a comunidade pode ser fonte de grandes benefícios, se enxergarmos que ela é, em si, uma dádiva. Argumentei nos três capítulos anteriores que as várias fontes propostas para a autoridade podem ter o valor devido, caso estejam situadas no contexto da crença teológica. Neste capítulo, não se argumentou que tal contexto é o único em que isso poderia ocorrer, no caso da comunidade. No entanto, qualquer outro contexto precisará ter a mesma característica da crença teológica. Precisará, de fora da comunidade, conferir valor ao fato de pertencer a essa comunidade.

10

AUTONOMIA

OS ÚLTIMOS QUATRO CAPÍTULOS sugeriram que a percepção moral, a natureza humana, a razão humana e a comunidade não são suficientes para responder à questão "Por que eu deveria ser ético?". Crer que a moralidade é um chamado de Deus para nós resulta, em cada caso, num contexto no qual podemos ver o valor adequado dessas boas coisas. Crer em Deus explica como os valores morais chegam até nós, como somos satisfeitos por viver moralmente, como uma vida moral tem importância e como extraímos da moralidade um sentimento perfeito de integração.

Este último capítulo lida com nossa resposta ao chamado de Deus e com nossa liberdade no que se refere a essa resposta. O desafio é compreender os devidos limites da autonomia humana. O presente capítulo explora uma boa forma de compreender a autonomia — como apropriação. Então, apresenta uma descrição de como esse tipo de liberdade relaciona-se a um sólido caráter moral. E a conclusão deste capítulo examina a inquietação que ainda afeta nossa vida moral neste planeta.

O termo *autonomia* combina duas palavras gregas: *autos*, que significa "eu", e *nomos*, que significa "lei". A idéia básica, como expressou Immanuel Kant, é que nós mesmos precisamos forjar a lei moral. Há uma forma proveitosa de compreendermos isso, que é a do próprio Kant, e uma forma nociva, característica de muitos dos sucessores de Kant. Esses sucessores têm, muitas vezes (creio, de modo equivocado), atribuído suas visões a Kant. (Mas, como não estou escrevendo a respeito de Kant, não tentarei defender essa alegação.)

A forma proveitosa de pensarmos em autonomia é pensarmos nela como apropriação, tomando para nós as leis morais. Isso significa que não inventamos ou criamos a lei moral, mas que a tornamos nossa ao alinharmos nossas vontades com ela. Kant afirma que deveríamos reconhecer nossos deveres como mandamentos de Deus; que deveríamos crer que ele existe e nos dá esses mandamentos, apesar de o próprio Deus transcender os limites da compreensão humana.

A forma nociva desafia aqueles que crêem em Deus da seguinte forma: "Se é para sermos autônomos e tomarmos para nós a lei moral, precisamos ser independentes de qualquer autoridade externa, seja humana ou divina. Nossa liberdade é para um oitavo dia da criação, no qual nós criamos a nós mesmos, já livres da tutela de uma divindade acima de nós. Já não somos crianças, mas adultos. A religião, como fonte de autoridade moral, pode ter sido necessária antes da educação universal e do nascimento da ciência moderna. Mas agora estamos em posição de nos emanciparmos de tradições e medos supersticiosos e de encontrarmos o próprio caminho rumo a uma vida melhor para toda a humanidade".

Essa segunda visão está relacionada a certa concepção de nossa história intelectual. J. B. Schneewind faz a seguinte afirmação: "À medida que diminui a supervisão e a atividade de Deus, a responsabilidade do homem aumenta". Ele monta um quadro irônico daquilo que chama de "a Empresa Divina", que mais parece a empresa onde trabalha Dilbert, personagem de histórias em quadrinhos. Na Empresa Divina, os empregados normais entendem muito pouco das funções uns dos outros, ou dos propósitos da companhia como um todo. São pagos para cumprir unicamente suas obrigações, "sem olhar para a esquerda ou para a direita". Se puserem a perder suas pequenas tarefas, alguém mais limpa a bagunça, e eles não sentem, pessoalmente, a responsabilidade pela solução. Schneewind afirma que essa é a representação tradicional do Reino de Deus, com o próprio Deus na presidência da empresa. Ele acredita que, na história da ética, o progresso em direção à autonomia ocorre quando essas condições se enfraquecem. Chegamos a ver que somos responsáveis por promover a felicidade humana e que fazemos isso quando cooperamos uns com os outros, compreendendo as contribuições de cada um e reparando nossas omissões sempre que podemos.

Schneewind, então, identifica esse progresso na história da filosofia moral européia, desde a Idade Média até Immanuel Kant, no século XVIII. Creio que ele interpreta Kant de forma equivocada, mas não quero negar que os filósofos morais posteriores a Kant deram alguns dos passos descritos por Schneewind. No entanto, ainda precisa ser esclarecido se tais passos representam *progresso*. Na linguagem do capítulo 1, essa é uma questão normativa, e não apenas descritiva. Em outras palavras, as mudanças só foram progresso se ocorreram para melhor. Mudanças em moda filosófica podem ser uma mistura de progresso e retrocesso. Pelo menos é isso que sugerirei que ocorreu com nossa compreensão da liberdade humana, a qual está em constante transformação.

Na visão nociva da autonomia, vidas humanas eticamente bem-sucedidas serão aquelas que alcançam seus próprios objetivos humanos, definidos em seus próprios termos humanos e que usam seus próprios recursos humanos. Não teremos nenhuma necessidade de apelar ao auxílio divino, a fim de alcançarmos um objetivo muito elevado para nossos próprios recursos humanos. As doutrinas descritas no capítulo 3 serão absolutamente desnecessárias. Mas, se essa visão é ou não progresso, depende da existência ou não de um Deus que faz o tipo de chamado tratado neste livro e oferece-nos os recursos para segui-lo. Mas se há um tal Deus, um tal chamado e um tal auxílio, e se certa pessoa sente isso, mas se recusa a reconhecê-lo, então é essa pessoa, e não aquele que crê em Deus, que está sendo infantil.

A filha de Rosa, Lucy, está aprendendo piano. A professora dela fez pequenas marcas sobre as notas na nova peça musical de Lucy, a fim de orientar sobre os dedos a serem usados para a peça ficar mais expressiva e fácil de ser executada; no entanto, Lucy recusa-se a aprender com os dedos certos, pois não vê motivo para isso. Insiste em estabelecer seus próprios objetivos, definindo-os à sua maneira e usando os próprios recursos. Para resumir, ela insiste em sua autonomia, e o resultado é que nunca executa a peça tão bem como poderia. Sempre tropeça em certas passagens, e quanto mais as pratica, mais viciados ficam seus dedos em executá-las de forma deficiente. Assim, fica cada vez mais difícil corrigi-los. Conseqüentemente, nem Lucy nem mais ninguém extraem o prazer que poderia de sua execução da peça, e, por fim, ela desiste. Para a professora, isso não é autonomia, mas um triste desperdício das habilidades de Lucy.

Nossa situação com Deus é diferente, pois, ao contrário da estudante de piano com sua professora, nós não vemos Deus. Isso não ocorre por alguma imperfeição de Deus, mas, sim, porque a natureza divina é espiritual. O filósofo do século XX Bertrand Russell[1], que não acreditava em Deus, imaginava-se após sua morte diante de Deus, no juízo final, reclamando com ele por não lhe ter dado evidências suficientes de sua existência. Mas, se o infiel sente esse tipo de chamado, acima do que pode alcançar pelos próprios meios, e se ele sente a possibilidade desse tipo de auxílio, a questão será o que ele faz com essa sensação de possibilidade. Kierkegaard chama isso de "a vertigem da liberdade". A vida de Russell traz evidências de que ele sentia algo semelhante, de tempos em tempos, e o rejeitava, como uma ilusão. Na perspectiva de um crente, a evidência definitiva de que há disponibilidade de ajuda apresenta-se apenas quando a pessoa passa a seguir o chamado. Infelizmente, não obtemos esse tipo de segurança de antemão. Por isso, precisamos do que o capítulo 4 chama de "fé moral"; a fé em que, apesar de evidências em contrário, podemos ser transformados e ser felizes sem abrir mão da tentativa de sermos moralmente bons.

Quando Ned, o filho de Rosa, era mais novo, certa vez subiu numa árvore. Ao começar a descer e olhar para o chão, perdeu a confiança e concluiu que não podia confiar em si mesmo para soltar-se do galho ao qual se agarrava. Por um momento, entrou

[1]Filósofo, lógico e matemático britânico (1872—1970), fundou a lógica do século XX, cujas idéias se prolongam até nossos dias por meio do Círculo de Viena e da filosofia analítica. Escreveu, entre outros, *Lógica e conhecimento — ensaios*. (N. do E.)

em pânico. Poderia ter ficado preso lá, até que o corpo de bombeiros chegasse com uma escada. Mas ele balançou-se até o galho inferior e viu que este o suportava. Para livrar-se de sua paralisia temporária, Ned não precisava de maiores evidências, mas de mais coragem — uma virtude, em essência, da vontade, e não do intelecto.

APROPRIAÇÃO

Se não possuímos evidências completas e antecipadas de que seguir o chamado de Deus nos levará a uma vida moralmente bem-sucedida, como saberemos que o chamado não é apenas casual? Nesse ponto, podemos ser capturados por um falso dilema. Poderíamos pensar que precisamos escolher entre seguir duas estruturas distintas. Em uma estrutura, a seleção moral indica se uma atitude é correta, e passamos tudo por essa seleção, incluindo o que, de início, consideramos representar um chamado de Deus. O problema é que isso parece tornar-nos, junto com nossa seleção, a autoridade definitiva, em lugar de essa autoridade ser Deus. Na outra estrutura, deveríamos algumas vezes seguir o que inicialmente aceitamos como chamado de Deus, ainda que não passe na seleção. Mas, nesse caso, poderíamos ser levados a fazer todo tipo de coisas horríveis, tendo em vista as peças que nossa imaginação confusa pode nos pregar (ou, por falar nisso, as ciladas de demônios perniciosos).

Ned está na faculdade e, no meio da noite, acorda com a idéia de que Deus está ordenando que ele mate seu colega de quarto. Diz a si mesmo que a ordem não poderia vir de Deus, pois ele não manda as pessoas fazerem esse tipo de coisa. Mas, então, lembra-se da história de Abraão e Isaque. É verdade que Abraão não teve realmente de matar seu filho, uma vez que Deus, no último minuto, providenciou um cordeiro para o sacrifício. No entanto, Abraão estava pronto para matar Isaque e, de acordo com a história, Deus lhe tinha dado aquela ordem. Ned conhece a interpretação de que Abraão acreditava que Deus fosse ressuscitar Isaque, visto que havia prometido dar a ele, por intermédio de Isaque, uma descendência tão numerosa como as estrelas do céu e como a areia das praias do mar. Será que isso significa, pensa Ned, que deveria acreditar que Deus ressuscitará seu colega de quarto? Ou isso seria simplesmente tolice? Ele conclui que, neste caso, tudo não passou de um sonho bizarro. Ned ora a respeito disso e retoma o sono interrompido.

O erro aqui é imaginar que precisamos fazer uma escolha entre a autoridade da seleção moral e a autoridade do chamado de Deus. A verdade é que, para um crente, trata-se de uma mistura rica e complexa. Robert Adams dá a seguinte descrição dessa mistura: "[O crente] considera seus princípios morais uma dádiva de Deus e os adota, em parte, por causa do amor e da lealdade para com Deus. Mas também os preza por seus próprios méritos, de modo que são esses princípios que *daria* a si mesmo, se estivesse atribuindo a si mesmo uma lei moral. Uma vez que está certo, [ele] age moralmente porque ama a Deus, mas também porque ama aquilo que Deus ama". Tanto nós como Deus temos a intenção de atingir nosso destino, que é sermos co-participantes no mesmo amor. Não sabemos muito acerca de como é alcançar esse destino. Nossos ancestrais, que lá estão (se estiverem), não voltaram para nos contar. Mas as três características da diretriz organizativa descritas no capítulo 1 refletem as características desse estado. Veremos, naquela situação, toda a criação mais de perto que agora e a amaremos como um todo. Veremos Cristo uns nos outros de forma mais nítida e, assim, valorizaremos uns aos outros por meio de nosso amor por Cristo; estaremos livres do amor desproporcional que temos por nós mesmos na terra. Enxergaremos mais claramente nossa própria essência individual (recebendo a pedra branca com nosso nome) e o caráter único dos outros. O amor com que, então, amaremos será uma imitação do amor de Deus por nós, ao sermos "... renovado[s] em conhecimento, à imagem do [nosso] Criador" (Cl 3.10; grifo do autor). Deus vê o todo, nos vê em Cristo e vê nosso caráter único. Quando amamos uns aos outros dessa maneira, partilhamos um propósito com Deus.

As normas morais, como as proibições de assassinatos e mentiras, são uma rota para esse propósito, e não uma dedução a partir da natureza humana. Logo, Deus pode dar a um ser humano outro caminho qualquer para esse propósito, e talvez tenha sido isso que ele fez com Abraão. Mas, quando seguimos a rota que Deus nos tem dado, nós o fazemos por ser uma dádiva de Deus e um caminho para o propósito que partilhamos com ele.

Suponha que aceitemos o fato de que Deus ordenou a Abraão a morte de seu filho inocente. Isso significa que deveríamos nos preocupar com a possibilidade de Deus nos mandar fazer o mesmo? Deveríamos reconhecer que Deus, às vezes, chama-nos para realizar coisas cuja relação com nosso propósito final ainda não compreendemos. Mas isso não é o mesmo que nos mandar fazer algo que contraria o caminho que nos foi dado. Deus é livre para fazer até mesmo isso, e, no caso das leis sobre sacrifícios e alimentos nas Escrituras hebraicas, os cristãos primitivos afirmavam que Deus o fizera. Mas, no caso da lei moral, temos tido provas das bênçãos sobre todos nós que seguimos o caminho da obediência. Apesar de, às vezes, termos de obedecer sem compreender, isso não significa que somos livres para sair por aí matando gente inocente. Vimos como a moralidade se encaixa na natureza humana, e como florescemos ao mantê-la e nos deterioramos ao infringi-la. Abraão ainda não tinha recebido a revelação nem do caminho nem da bênção (apesar de podermos afirmar que algum conhecimento do caminho é concedido a todos os seres humanos); nós recebemos a revelação de ambas as coisas. Por isso, nossa atitude deveria ser a traduzida na oração do Senhor: "E não nos deixes cair em tentação..." (Mt 6.13). Isso não é uma oração bizarra feita a Deus, pedindo que ele não nos tente. Estamos mais exatamente rogando-lhe que não nos leve a tempos de provação, como o teste de Abraão.

O marido de Rosa, Tom, recebe um convite para candidatar-se a um emprego. Vê nisso um chamado para sair de seu emprego atual, deixar para trás seus familiares e os de Rosa e mudar-se para uma escola vinculada a uma denominação da qual nunca ouviu falar, em uma longínqua cidade onde ele e sua família não conhecem ninguém. Visto que ele e Rosa possuem fé moral, esse chamado não lhes parece casual, apesar de não compreenderem como isso será uma bênção para sua família e suas atividades profissionais. Já tiveram a experiência de ser abençoados adotando esse tipo de obediência, quando compreenderam, posteriormente, mas não a princípio, a razão de Deus orientá-los a fazer algo. Também sabem que podem estar errados em relação a esse chamado; poderia não ser nada além da típica comichão no pé de Tom. Ele tende a pensar em se mudar sempre que ouve o grito dos gansos voando em sua migração, no final do outono. Tom e Rosa sabem que precisam checar tudo da melhor forma possível, utilizando-se não apenas de sua seleção moral, mas também dos conselhos de pessoas em que confiam, das Escrituras e da interpretação das Escrituras dentro de sua tradição.

Temos aqui uma questão de que tratarei apenas de forma breve, apesar de ela merecer um capítulo inteiro (ou todo um livro). Será que somos, algumas vezes, postos em situações em que é necessário transgredirmos uma das normas morais? Um pai de família alemão, em plena 2ª Guerra Mundial, esconde um judeu no sótão, e um oficial nazista pergunta se tem algum judeu na casa. Deveria ele mentir para salvar a vida do sujeito? Na visão apresentada no capítulo 1, a diretriz organizativa não substitui normas morais, mas organiza-as. Portanto, não podemos simplesmente anular a norma da honestidade em nome do amor e da compaixão. Mentir a um nazista não é amá-lo, embora possa ser amado o judeu escondido no sótão. Pode ser que nessa trágica situação não haja maneira de amar a ambos, o que significa que a seleção moral não tem como aprovar completamente qualquer atitude que seja. Apesar de tudo, mentir parece ser menos ruim que atraiçoar a vida. Precisamos de uma categoria denominada "menos ruim", que não é o mesmo que "moralmente admissível" ou "correto". Por vezes, podemos precisar tomar a atitude menos ruim, embora não seja algo que se aprecie fazer.

Se Tom e Rosa aceitarem o chamado para a mudança, estarão sendo obedientes, mas também estarão sendo autônomos conforme a primeira visão de autonomia discriminada mais atrás. Estarão tomando o que acreditam ser o chamado de Deus e tornando-o sua própria vontade. São autônomos porque se apropriaram do chamado. O verbo *apropriar* é originário de duas palavras latinas: *ad*, que significa "(trazer) para", e *proprium*, que significa "próprio". Tom e Rosa trazem esse chamado para suas próprias vontades, ou alinham suas vontades com o chamado. Tentam repetir na vontade deles a vontade de Deus para seu querer. Porém, podemos repetir a vontade de outra pessoa, com muitos e diferentes níveis de clareza e plenitude.

Rosa teme que Ned esteja a ponto de começar a ter relações sexuais com a namorada. Existem diversas disposições de espírito possíveis, com as quais Ned poderia aceder aos desejos de sua mãe. Poderia agir como ela quer, porque a ama e não quer fazê-la infeliz, mas sem compreender ou compartilhar de sua visão sobre a união espiritual que cerca o relacionamento sexual. Ou poderia não amá-la, mas simplesmente ter aversão pelo conflito que viria se a desapontasse. Na verdade, no caso de Ned, ele partilha de alguns conceitos de sua mãe, embora não de todos. Não tem a confiança que ela demonstra nessa questão nem sente vontade de confrontar seus muitos amigos e conhecidos, os quais possuem diversas visões. Também acredita que os textos bíblicos não são tão explícitos, como crê sua mãe. Sua namorada tem o mesmo tipo de incerteza. Se ela realmente quisesse ter relações sexuais nesse momento, ele provavelmente concordaria com ela. Além disso, Ned não compreende completamente a posição de sua mãe. Ela conversou com ele sobre seus temores, mas também enfatizou seu respeito pelo discernimento do filho e o fato de ele conhecer a própria vida melhor do que ninguém. Tudo isso o deixou ponderando se ela dava sinais de estar propensa a mudar de idéia.

Podemos partilhar dos propósitos de outras pessoas com maior ou menor plenitude, e o mesmo vale para nosso relacionamento com Deus. Talvez jamais possamos compreender nítida e completamente os propósitos que partilhamos com Deus e o caminho que Deus nos deu. Podemos ter diversos graus de aproximação, a depender de como conhecemos Deus e a nós mesmos. Mas temos apenas acesso limitado à vontade de Deus, o qual ele mesmo nos concedeu. Por isso precisamos contribuir com nosso próprio raciocínio, fazendo o melhor possível, tendo sempre em mente os perigos do auto-engano, lembrando-nos das diretrizes que recebemos.

FIRMEZA

Duns Scotus descreve dois tipos de liberdade. Podemos entender a primeira ao compararmos o homem com um tatu, que procura uma formiga para se alimentar e, então, dá cabo dela. O tatu não é realmente livre, apesar de seus estímulos serem gerados internamente. Scotus afirma que também seríamos assim, se a felicidade fosse nossa única motivação (embora nossa busca da felicidade fosse mais complicada que a de um tatu). No entanto, como já descrito no capítulo 4, também somos motivados pelo que é intrinsecamente bom, a despeito de nossa felicidade. Isso nos leva além de nossa meta instintiva de felicidade. Como temos os dois tipos de motivação, surge a questão de como os classificamos. E, por podermos fazer essa pergunta, alcançamos o primeiro tipo de liberdade. Temos a possibilidade de ir por ambas as direções, dependendo do que queremos, colocando em primeiro lugar ou nossa felicidade ou o que é intrinsecamente bom.

Além dessa, também podemos ter um segundo tipo de liberdade, que Scotus chama de “firmeza”. Trata-se do tipo de liberdade que Deus possui. Se perguntarmos: “Deus pode pecar?”, deparamo-nos com problemas de um jeito ou de outro. Se dissermos que não, estamos aparentemente limitando a onipotência e a liberdade de Deus. Obviamente, Deus pode fazer qualquer coisa. Mas, se dissermos que sim, afirmamos que Deus pode ser incoerente com a natureza divina. Scotus sugere que a liberdade de Deus vai além da possibilidade de seguir por ambas as direções. Ao contrário de Deus, alcançamos firmeza por meio do primeiro tipo de liberdade. A motivação para o que é bom em si é um movimento para além da natureza, e firmeza é um movimento adicional na mesma direção. Firmeza ocorre quando nosso amor pelo bem ocupa de tal forma nosso ser, graças às escolhas constantes, que já não há espaço para uma deslealdade grave. No céu, não seremos capazes de pecar, não porque teremos menos liberdade que na terra, mas porque teremos mais dessa liberdade. Não nos transformamos em Deus, mas tornamo-nos semelhantes a ele nesse aspecto quando passamos a ser co-participantes no seu amor.

O que isso significa para nossa liberdade na terra? Podemos ter esperança de nos movermos na direção de menos incertezas e maior firmeza. Os capítulos 1 e 3 descreveram a santificação como movimento em direção a uma situação em que atração e repulsa caminham juntas. Se alcançarmos esse estado, nossos desejos se adaptarão, tranqüilamente, ao que devemos fazer. Não será necessário verificar com tanta freqüência se nossa preferência combina com nosso dever. Isso não é o mesmo que permanecer meramente confortável, o que pode ser apenas resultado do envelhecimento. As pessoas podem se sentir mais confortáveis com seus compromissos globais da mesma forma que se acostumam com sapatos velhos. Conforto pode não passar de preguiça moral, se param de se preocupar com a lacuna entre o que falam e a maneira como agem. Como podemos fazer distinção entre firmeza e esse tipo de comodidade?

No caso de compromissos de vida, podemos pensar em algumas limitações à guisa de sanções. Podemos controlar se pomos as condições iniciais em funcionamento; mas, uma vez que o tenhamos feito, as conseqüências se sucederão, tal qual a dor resultante do uso excessivo ou da sub-utilização dos músculos, a menos que façamos algo para neutralizá-las. A natureza humana e a natureza individual não são flexíveis ao infinito. Se optarmos por não seguir uma rota que se encaixe nessas naturezas, começaremos, provavelmente, a apresentar problemas em diversos aspectos, tanto internos como externos. Até certo ponto, podemos ver esses efeitos em nós e nas outras pessoas. Se não os virmos, temos uma confirmação de que nós e eles ainda estamos progredindo.

O capítulo 7 exemplificou a honestidade. Se deixarmos de valorizar, de forma sincera, a verdade, haverá conseqüências para nossas relações com o centro *externo* (quase magnético), que mantém coesas as atrações que nos influenciam. A honestidade é necessária para que nossa receptividade fique aberta a esses sinais. Muitas vezes, não é fácil dar-lhes atenção, e somos tentados a permitir que se forme uma crosta em torno de nós que impeça a passagem de sinais estranhos. Quando vemos exemplos gritantes de pessoas com as mesmas fraquezas que nós, precisamos ser honestos ao atravessarmos o processo de reconhecimento e arrependimento no centro *interno* (a vontade). Apresentamos inclinação para enganar a nós mesmos, de modo que, quando somos confrontados com um quadro desagradável de nossa pessoa, acabamos nos convencendo de que tal quadro não condiz com quem realmente somos. Nós nos deterioramos moralmente sempre que perdemos a capacidade de ouvir ou ratificar as mensagens que nos chamam a uma transformação. Eis um sinal: se deixamos de ouvir os insistentes apelos para mudanças, estamos nos tornando acomodados demais.

Esse exemplo de honestidade é apenas um caso em que a falha numa parte do chamado leva a uma deterioração mais generalizada. Outro caso é um relacionamento confuso com os pais, que acaba deformando a visão que uma pessoa possui de grande parte de sua vida, mediante vários e complexos truques psicológicos. De forma semelhante, desejar o que pertence ao próximo leva-nos a deixar de enxergar seu lado bom e a exagerar suas falhas. Passamos a vê-lo como alguém que não merece aquelas coisas. Mas, então, precisamos começar a nos enganar sobre se merecemos o que temos. Afirmar que merecemos as bênçãos recebidas é outro sinal de decadência moral. Também existem conseqüências relacionadas a características exclusivamente nossas. Algumas vezes, ouvimos o chamado e nos recusamos a alinhar nossa vontade. Haverá conseqüências para nossa vida e para a vida daqueles com quem nos importamos. Sentiremos, gradualmente, uma sensação de afastamento da fonte do chamado, acompanhada de uma sensação de isolamento. A vida não nos permite permanecer neutros. Estamos sempre avançando ou retrocedendo, mesmo que tentemos não sofrer alterações. Isso ocorre porque o chamado está sempre presente, e estamos sempre nos aproximando ou nos afastando dele.

Prosseguir em direção de uma maior firmeza, por conseguinte, não é apenas sentir-se mais tranqüilo diante de seus compromissos, como se esses fossem sapatos velhos. Podemos distinguir padrões de maturidade e decadência moral, e é nesse contexto que nossa autonomia funciona. Existem padrões que dão à nossa vida estruturas virtuosas, nas quais podemos crescer. Uma pessoa torna-se mais sólida, ou firme, à medida que "se torna aquilo que é". O capítulo 7 discutiu essa expressão paradoxal. A idéia é que nossa natureza, tanto humana como exclusiva, aponta-nos uma direção, indicando que satisfazemos essa natureza ao seguir tal direção. Firmeza, ou solidez, é acompanhar o que diz Lutero: "Aqui estou; não posso agir de outra maneira".

INQUIETAÇÃO

A firmeza não encerra toda a questão do amadurecimento. Por que Deus não nos torna firmes de uma vez por todas? Não estaríamos em melhor situação, se tivéssemos recebido uma inclinação natural mais intensa para resistir ao mal (talvez forte suficientemente para vencer a tentação de Satanás no jardim do Éden)? O poema *The pulley* [*A roldana*], de George Herbert[2], dá-nos o início de uma resposta.

> Quando Deus, no princípio, fez o homem,
> Tendo um pote de bênçãos preparado,
> Disse: "Derramemos sobre ele tudo o que temos:
> que as riquezas do mundo, que dispersaram a mentira,
> Sejam concentradas num breve período".
> Então a força primeiramente abriu caminho;
> E logo a beleza foi derramada, e então sabedoria,
> honra, prazer;
> Quando quase tudo já havia sido despejado, Deus fez
> uma pausa,
> Percebendo que, à parte de todo o seu tesouro,
> Estava ao fundo o Descanso.
> "Pois", disse ele,
> "se também concedesse esta jóia à minha criatura,
> adoraria minhas dádivas em vez de adorar a mim,
> e descansaria na natureza, e não no Deus da Natureza:
> então ambos sairíamos perdendo.
> "Ainda assim, deixe-o ficar com o resto,

[2]Poeta inglês (1593–1633), autor de *O templo*, obra-prima da poesia religiosa inglesa. (N. do E.)

mas mantenha-o amofinado e inquieto,
para que se sinta rico, mas insatisfeito,
de modo que, se não for a bondade, ao menos a fadiga
o atraia para o meu seio."

Nesse poema, Herbert inverte o conto tradicional da caixa de Pandora. Em uma versão do mito grego, Epimeteus (que é humano) abre a caixa e todas as bênçãos dos deuses saem voando, com exceção da esperança, que ele conserva. O resultado é que nós, humanos, ficamos sem as outras bênçãos, mas podemos ao menos ter esperança de um dia possuí-las. O conto de Herbert segue pelo lado oposto. Imagina Deus como um alquimista, que forma nova substância a partir de um pote cheio de elementos preciosos. Essa nova substância será um exemplo em miniatura de tudo que há de melhor no mundo. A conseqüência é que todos nós, seres humanos, possuímos todas essas bênçãos (força, beleza, sabedoria, honra, prazer), com exceção de uma que Deus conserva consigo: o descanso.

Por que Deus a retém? Porque, se nos der essa bênção, passaremos a adorar as bênçãos, e não a ele, fazendo da natureza um ídolo. Logo, como diz o Senhor no poema, tanto nós como Deus sairemos perdendo. Temos aqui a autolimitação que descrevi no fim do capítulo 5. Deus, ao nos criar e amar, torna-se vulnerável a nossas escolhas. Herbert, então, presenteia-nos com um trocadilho, que é muito mais que um trocadilho. Deus diz no poema: "Deixe-o ficar com o resto, mas mantenha-o amofinado [insatisfeito] e inquieto" (a palavra *inquieto* arrasta a métrica, para que possamos sentir o mal-estar). Trata-se de um trocadilho (os dois significados de descanso são originários de raízes distintas: alemão antigo e latim), mas não de apenas um trocadilho (pois permanece um tipo de descanso deficiente, disponível no resto das bênçãos). Estaria Deus sendo cruel ao nos condenar à fadiga? Herbert, nesse ponto, faz-nos lembrar de Agostinho que, no início de *Confissões*, orou a Deus: "Fizeste-nos para ti, e inquieto está o nosso coração enquanto não repousar em ti". Um tipo de carência impede-nos de descansar cedo demais, e essa carência, por fim, lança-nos para Deus, tal qual destroços lançados à praia por uma tempestade. A inquietação faz parte do caminho que um Deus amoroso preparou para nós.

O que é essa inquietação? Assim como sentimos algo presente, sentimos algo ausente. Eclesiastes 3.11 diz que Deus pôs a eternidade em nossos corações, mas de um modo que não podemos descobrir toda a obra que ele fez desde o início até o fim. Temos aqui uma convicção do que nos é possível, assim como um senso de insatisfação por causa do que não é possível. Essa combinação afeta tanto o intelecto, quando tentamos compreender, quanto a vontade, quando tentamos amar. Kant descreve a insatisfação do intelecto na primeira sentença de *Crítica da razão pura*, afirmando que a razão humana tem o raro destino de ter recebido de sua natureza o encargo de formular questões às quais, por causa dessa própria natureza, é incapaz de responder. Temos a convicção de que há uma realidade além de nossa compreensão, acenando para nós, mas fugindo de nosso alcance. Essa é a inquietação da compreensão. Nela estamos grudados; o que, no fim das contas, é uma bênção. Conhecemos os limites de nosso entendimento ao exercermos pressão sobre ele, e aprendemos a crer em coisas que ainda não compreendemos.

Também recebemos o desejo por um tipo de amor que consideramos sermos incapazes de ter com nossas próprias forças. O capítulo 1 disse que a moralidade consiste de várias normas, como a exigência de mantermos nossas promessas, mas também de uma diretriz que as organiza. A base cristã nessa diretriz é o mandamento para amarmos nosso próximo como a nós mesmos. Mas amarmos uns aos outros de tal maneira resulta em exigência por demais elevada para nossos próprios recursos. Aqui temos a inquietude da vontade. Deus libertou-nos ao conceder essa tensão — uma tensão entre nosso amor imperfeito e a convicção de que somos tomados por adoção no amor de Cristo. Essa adoção foi um dos tópicos do capítulo 3. Sentimos a lacuna entre nossas débeis tentativas e o amor que já está consumado e que nos convida a estar mais próximos. Essa tensão, no fim das contas, pode nos levar a uma união mais perfeita com Deus, se confiarmos em sua ajuda para solucioná-la. Precisamos apenas evitar descansar cedo demais — descansar na natureza, e não no Deus da natureza. Se atentarmos para isso, a inquietação nos impedirá de cair nesse erro. Ela nos levará além da bondade das dádivas, até a bondade do doador.

Então, qual é a relação entre Deus e a moralidade? Pacto é uma boa palavra para concluirmos. Os pactos são muito diferentes dos contratos. Imagine um pacto como o casamento. Os participantes assumem compromissos além daquilo que podem prever, não sabem exatamente o que estão pactuando, e as necessidades e contribuições dos parceiros podem ser alteradas sem que a aliança seja dissolvida. Shakespeare se vale dessa concepção no soneto que discutimos no capítulo 8: "Amor não é amor, se quando encontra obstáculos se altera". O crente tem um pacto com Deus que envolve (como um casamento) terem um objetivo comum na união entre eles. Parte desse pacto, como, por exemplo, o segundo grupo dos Dez Mandamentos, cobre os relacionamentos com outros seres humanos. Eles são resumidos no mandamento "Ame o seu próximo como a si mesmo", que inclui e vai além das normas anteriores. Se tivéssemos apenas um contrato com Deus, a incapacidade de cumprirmos nossa parte dissolveria a relação. Porém, como estamos em um pacto, Deus nos concede a ajuda necessária quando lhe pedimos auxílio.

Neste livro, tentei descrever como é essa ajuda. A primeira parte tratou das doutrinas da expiação, da justificação e da santificação, além da providência. A segunda parte descreveu a relevância da iniciativa de Deus no pacto em relação a nossos desejos de transcendência, satisfação, importância e entrosamento. Quando juntamos tudo isso, temos uma ética que é tanto semelhante como diferente de uma ética que remova o contexto do pacto. A exigência moral sem Deus é, em diversos aspectos, a mesma. Ainda temos que manter nossas promessas, sermos gratos a nossos benfeitores e, acima de tudo, cuidarmos do todo ao qual pertencemos e respeitarmos a igualdade e o caráter único das pessoas. Mas agora temos problemas no que se refere à nossa capacidade de cumprimento e também à autoridade da exigência. Do lado da capacidade, quando perdemos o contexto do pacto, não fica claro que *podemos* viver dessa maneira. Já não temos em nós os recursos da vida de Cristo, ou de sua igreja, ou de seu perdão. Do lado da exigência, qual é a fonte de autoridade da exigência? Por que *deveríamos* viver dessa maneira? Sem respostas para essas questões, enfrentamos a ameaça da incoerência, e a vida moral se torna diferente do que era no contexto inicial. Torna-se desesperada, ou amarga, ou condescendente. Já descrevi algumas das conseqüências. Fingimos para nós mesmos ser melhores do que realmente somos, ou que a exigência moral é apenas um ideal, e não algo pelo qual somos realmente responsáveis. Ou preenchemos a lacuna com incontáveis atrações, esquemas de auto-ajuda, sistemas racionais ou vínculos comunitários. Nenhuma das opções (se fui claro em meus argumentos) teve êxito na tarefa apresentada.

A reação adequada à graça de Deus dentro do pacto parece ser de subserviência e gratidão. E existem muitas passagens nas Escrituras que falam sobre servir e obedecer a Deus. Mas nosso destino não é, na verdade, sermos meros servos, mas co-participantes no mesmo amor, ou amigos. O caráter de nossa relação final com Deus não terá aspectos restritivos ou mesmo de atração, como a de um ímã. Não será uma exigência ou mesmo um chamado. É difícil imaginar como será. Mas George Herbert, no que foi o último e possivelmente o maior poema de sua obra, nos dá um quadro de como poderá ser a transição. Ele imagina Cristo como o Amor, que lhe dá as boas-vindas (agora representado na Ceia do Senhor, mas futuramente num banquete celestial). Descreve o diálogo entre eles, que segue a liturgia do culto da Comunhão Anglicana. Herbert se descreve hesitante, em sua culpa e arrependimento:

> Mas Amor, rápido no olhar, observa-me vindo lentamente
> tão logo entrei.
> Aproxima-se, perguntando gentilmente
> se preciso de alguma coisa.
> "Um convidado", respondi, "digno de estar aqui".
> Amor disse: "Você será esse convidado".

Aqui, Amor mostra a Herbert que ele está justificado, que já é digno, embora não tenha ainda experimentado essa dignidade. Herbert recua novamente; não pode olhar para Amor. Mas Amor diz que fez os olhos para Herbert olhar e que suportou a culpa pelos pecados de Herbert. A presunção de Herbert é, enfim, humilhada até o pó. Ele se oferece para servir o alimento. Mas Amor recusa até mesmo essa oferta.

> "Você deve sentar-se", diz Amor, "e provar minha carne".
> Então, me sentei e comi.

A inquietação termina com o descanso. A Bíblia nos diz que, então, conheceremos como também somos conhecidos (1Co 13.12). Além disso, acredito ser verdade que, então, amaremos como também somos amados. Já não haverá uma lacuna qualitativa entre o amor que queremos e o amor que damos, embora, mesmo então, deva também haver crescimento no amor. Grande parte da moralidade a que estamos acostumados vai se dissipar. Sempre foi somente uma casca que podíamos superar. Já não existirão normas para impedir-nos de matar, mentir ou cobiçar; nem haverá uma diretriz para organizar essas normas. Já não haverá restrições ou atrações de uma fonte distante. O que deveríamos pensar, apesar de tudo, sobre as três partes da representação com que começamos: da plenitude da criação, ou de sua integridade, do valor elevado das pessoas nessa criação e do valor comum e do caráter singular de todas as pessoas? Suponho que a importância desses fatores também se dissipe. Não sabemos muito sobre como amaremos o que não é Deus, embora saibamos que seremos co-participantes com Deus em seu amor. No entanto, estou certo de que ainda valorizaremos algo como a integridade da criação e a igualdade e a singularidade das pessoas feitas por Deus. Acredito que valorizá-las será parte do amor que é nosso destino.

NOTAS BIBLIOGRÁFICAS

(As obras estão listadas na ordem em que são citadas em cada capítulo.)

Prólogo

HARE, John E. *The moral gap*. Oxford: Clarendon Press, 1996.

__________. *God's call*. Grand Rapids: Eerdmans, 2001.

1. Moralidade

NASH., Ogden. "Kind of an ode to duty". *I'm a stranger here myself*. London: Little, Brown, 1959.

HARE, John E. e Carey B. Joynt. *Ethics and international affairs*. London: Macmillan, 1981.

2. A lacuna moral sem Deus

MITCHELL, Henry Bedinger (ed.). *Talks on religion*. New York: Longmans, Green, 1908.

SHAW, Albert. *Municipal Government in Great Britain*. 1895. Citado por Ebenezer Howard, *Garden cities of to-morrow*. London: Faber & Faber, 1945.

DWORKIN, M. S. *Dewey on education*. New York: Bureau of Publications, Teachers' College, Columbia University, 1959.

"A Humanist Manifesto". *The New Humanist* 6, número 3 (1933).

STANTON, T. K. "Liberal Arts. Experiential Learning and Public Service: Necessary ingredients for socially responsible undergraduate education". *Combining service and learning*. Editado por J. C. Kendall, v. 1, Raleigh: N.C.: National Society for Internships and Experiential Education, 1990.

KUNSTLER, James. "Where evil dwells", trabalho apresentado no Congress for the New Urbanism, Milwaukee, Wisconsin, 1999.

KANT, Immanuel. *The metaphysics of morals*. Trad. Mary Gregor. Cambridge: Cambridge University Press, 1991.

MILL, J. S. *Utilitarianism*. London: Collins, 1962.

KAGAN, Shelley. *The limits of morality*. New York: Oxford University Press, 1989.

DEWEY, John. *The later works*. Editado por Ann Boydston. Carbondale: Southern Illinois University Press, 1961-1990.

PLATÃO. "Meno". *The collected dialogues of Plato*. Princeton: Princeton University Press, 1961.

NODDINGS, Nel. *Caring*. Berkeley: University of California Press, 1984.

ARNHART, Larry. *Darwinian natural right*. Albany: State University of New York Press, 1998.

RUSE, Michael. *Can a darwinian be a christian?* New York: Cambridge University Press, 2001.

FRANK, R. H., T. GILOVICH e D. REGAN. "Does studying economics inhibit cooperation?": *Journal of Economic Perspectives* 7 (1993).

GRIFFIN, James. *Well-being*. Oxford: Clarendon Press, 1986.

HEFNER, Philip. *The human factor*. Minneapolis, Fortress, 1993.

3. O auxílio de Deus

DONNE, John. "Ecstasy": *The Norton anthology of poetry*. New York: Norton, 1996.

HOPKINS, Gerard Manley. "As kingfishers catch fire" e "The windhover": *The Norton anthology of poetry*. New York: Norton, 1996.

4. Providência

WILLIAMS, Bernard. *Shame and necessity*. Berkeley: University of California Press, 1994.

HOUSMAN, A. E. "Terence, this is stupid stuff": *The Norton anthology of poetry*. New York: Norton, 1996.

WOLTERSTORFF, Nicholas. *Lament for a son*. Grand Rapids: Eerdmans, 1987.

LEWIS, C. S. *A grief observed*. San Francisco: Harper, 1994.

TADA, Joni Eareckson e Steve ESTES. *A step further*. Grand Rapids: Zondervan, 1978.

5. A autoridade da moralidade

KANT, Immanuel. *Religion within the limits of reason alone*. Trad. Theodore M. Greene e Hoyt H. Hudson. New York: Harper & Row, 1960.

6. Bondade

PLATÃO. "Ion": *The collected dialogues of Plato*. Princeton: Princeton University Press, 1961.

7. Natureza humana

YOUNG, J. Z. *An introduction to the study of man*. Oxford: Clarendon Press, 1971.

ARISTÓTELES. *Nicomachean ethics*. Trad. Terence Irwin. Indianapolis: Hackett, 1999.

8. Razão

CARSON, Thomas. *Value and the good life*. South Bend: University of Notre Dame Press, 2000.

VELLEMAN, J. David. "Brandt's definition of 'good'": *Philosophical Review* 97 (1988).

KIERKEGAARD, Sören. *Either/Or*. Ed. e trad. Howard e Edna Hong. Princeton: Princeton University Press, 1987.

BRATT, James D. (ed.). *Abraham Kuyper: A centennial reader*. Grand Rapids, Eerdmans, 1998.

SHAKESPEARE. "Sonnet 116": *The Norton anthology of poetry*. New York: Norton, 1996.

KANT, Immanuel. *Critique of pure reason*. Trad. Norman Kemp Smith. New York: St. Martin's, 1965.

9. Comunidade

Theognis, citado em J. B. BURY. *History of Greece*. London: Macmillan, 1963.

SEN, Amartya. "Other people": *The New Republic*, 18 de dezembro de 2000.

PLATÃO. "Republic": *The collected dialogues of Plato*. Princeton: Princeton University Press, 1961.

GILLIGAN, Carol. *In a different voice*. Cambridge: Harvard University Press, 1993.

10. Autonomia

SCHNEEWIND, J. B. "The divine corporation and the history of ethics": *Philosophy and history*. Ed. Richard Rorty, J. B.

Schneewind e Quentin Skinner. Cambridge: Cambridge University Press, 1984.

ADAMS, Robert M. "Autonomy and theological ethics": *The virtue of faith*. Oxford: Oxford University Press, 1987.

WOLTER, Allan (ed. e trad.). *Duns Scotus on the will and morality*. Washington: Catholic University of America Press, 1997.

HERBERT, George. "The pulley" e "Love (III)": *The Norton anthology of poetry*. New York: Norton, 1996.

Confessions. Trad. Henry Chadwick. Oxford: Oxford University Press, 1991.

ÍNDICE TEMÁTICO E ONOMÁSTICO

Escrituras

Sobre o livro

Categoria • Ética cristã

Fim da execução • setembro de 2004
1.ª edição • novembro de 2004

Tiragem Ano
1 2 3 4 5 6 7 8 9 10 09 08 07 06 05 04

Formato • 14 x 21 cm
Mancha • 10,5 x 18,5 cm
Tipo e corpo/entrelinha • Goudy Old St 12/ 16,6 (texto); Zurich BT 18/21,6 (título)
Papel • Off-Set 75 g/m² (miolo); Cartão Supremo 250 g/m² (capa)

Tiragem • 4 mil exemplares
Impressão • Imprensa da Fé

Impresso no Brasil / *Printed in Brazil*

Equipe de realização

Produção gráfica

Supervisão
Sandra Leite

Fotolito
Imprensa da Fé

■

Produção editorial

Coordenação
Vera Villar

Assistência
Jair A. Rechia
Rodolfo Ortiz

•

Normalização de texto
Tânia Silveira

Edição de texto
Gibson James
Jefferson Rodrigues

Revisão de provas
Noemi Soares Ferreira
Josemar de Souza Pinto

Projeto gráfico
Sonia Peticov

Composição
Efanet Design

Capa
Cláudio Souto